学ぶ人は、
変えて
ゆく人だ。

目の前にある問題はもちろん、
人生の問いや、社会の課題を自ら見つけ、
挑み続けるために、人は学ぶ。
「学び」で、少しずつ世界は変えてゆける。
いつでも、どこでも、誰でも、
学ぶことができる世の中へ。

旺文社

6年生

漢字マスターへの道

練習が終わった漢字をなぞって、日付を書こう。
ゴールをめざせ！

スタート

- 胃異遺　月　日
- 域宇　月　日
- 映延沿　月　日
- 恩我　月　日
- 灰拡革　月　日
- 閣割　月　日
- 株干巻　月　日
- 看簡　月　日
- 危机揮　月　日
- 貴疑　月　日
- 吸供胸　月　日
- 郷勤　月　日
- 筋系敬　月　日
- 警劇　月　日
- 復習ドリル❶　月　日
- 激穴券　月　日
- 絹権　月　日
- 憲源厳　月　日
- 己呼　月　日
- 誤后孝　月　日
- 皇紅　月　日
- 降鋼刻　月　日
- 穀骨　月　日
- 困砂座　月　日
- 済裁　月　日
- 策冊蚕　月　日
- 至私　月　日
- 姿視詞　月　日
- 誌磁　月　日
- 射捨尺　月　日
- 若樹　月　日
- 復習ドリル❷　月　日
- 収宗就　月　日
- 衆従　月　日
- 縦縮熟　月　日
- 純処　月　日
- 署諸除　月　日
- 承将　月　日
- 傷障蒸　月　日
- 針仁　月　日
- 垂推寸　月　日
- 盛聖　月　日
- 誠舌宣　月　日
- 専泉　月　日
- 洗染銭　月　日
- 善奏　月　日
- 窓創装　月　日
- 層操　月　日
- 復習ドリル❸　月　日
- 蔵臓存　月　日
- 尊退　月　日
- 宅担探　月　日
- 誕段　月　日
- 暖値宙　月　日
- 忠著　月　日
- 庁頂腸　月　日
- 潮賃　月　日
- 痛敵展　月　日
- 討党　月　日
- 糖届難　月　日
- 乳認　月　日
- 納脳派　月　日
- 拝背　月　日
- 肺俳班　月　日
- 晩否　月　日
- 復習ドリル❹　月　日
- 批秘俵　月　日
- 腹奮　月　日
- 並陛閉　月　日
- 片補　月　日
- 暮宝訪　月　日
- 亡忘　月　日
- 棒枚幕　月　日
- 密盟　月　日
- 模訳郵　月　日
- 優預　月　日
- 幼欲翌　月　日
- 乱卵　月　日
- 覧裏律　月　日
- 臨朗　月　日
- 論　月　日
- 復習ドリル❺　月　日
- 学年総復習テスト　月　日

ゴール

これで漢字マスターだ！

このドリルの特長と使い方

このドリルは、「小学漢字一〇二六字の正しい書き方　新装四訂版」であつかった六年生で学ぶ漢字を「正しく」書けるようになることを目的としています。

❶ **書き順は省略せず**にすべて書いてあるので、正しい書き順で漢字を書けるようになります。赤色の画をなぞって覚えましょう。

❷ 教科書の字体を手本としたときの**書き方のポイント**が書いてあるので、正しい書き方を学ぶことができます。

❸ **成り立ちや意味**がくわしくのっているので、漢字を覚える助けになります。内容は「旺文社漢字典」を参考にしています。

❹ **例文**を用いた問題で、その**漢字の使い方**がわかるようになります。

（　）は中学校以上で習う読み、――は特別な読み、訓読みの「-」の下は送りがなです。部首の分類や名前は、辞書によって異なることがあります。

もくじ

編集協力／有限会社マイプラン 湯川善之・藤江美香　校正／有限会社編集室ビーライン
装丁デザイン／株式会社しろいろ　装丁イラスト／おおの麻里　本文デザイン／大滝奈緒子（ブラン・グラフ）
本文イラスト／南澤孝男

音訓さくいん

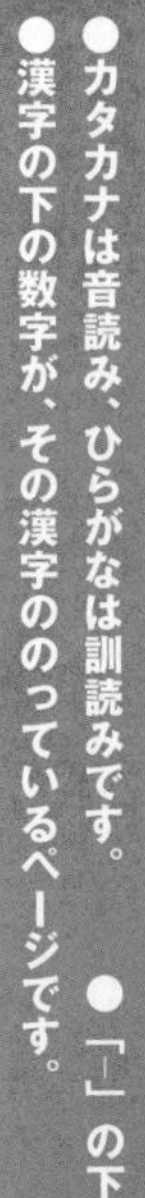
●この本にのっている漢字の読み方を五十音順に並べました。
●カタカナは音読み、ひらがなは訓読みです。 ●「-」の下の字は送りがなです。
●漢字の下の数字が、その漢字ののっているページです。

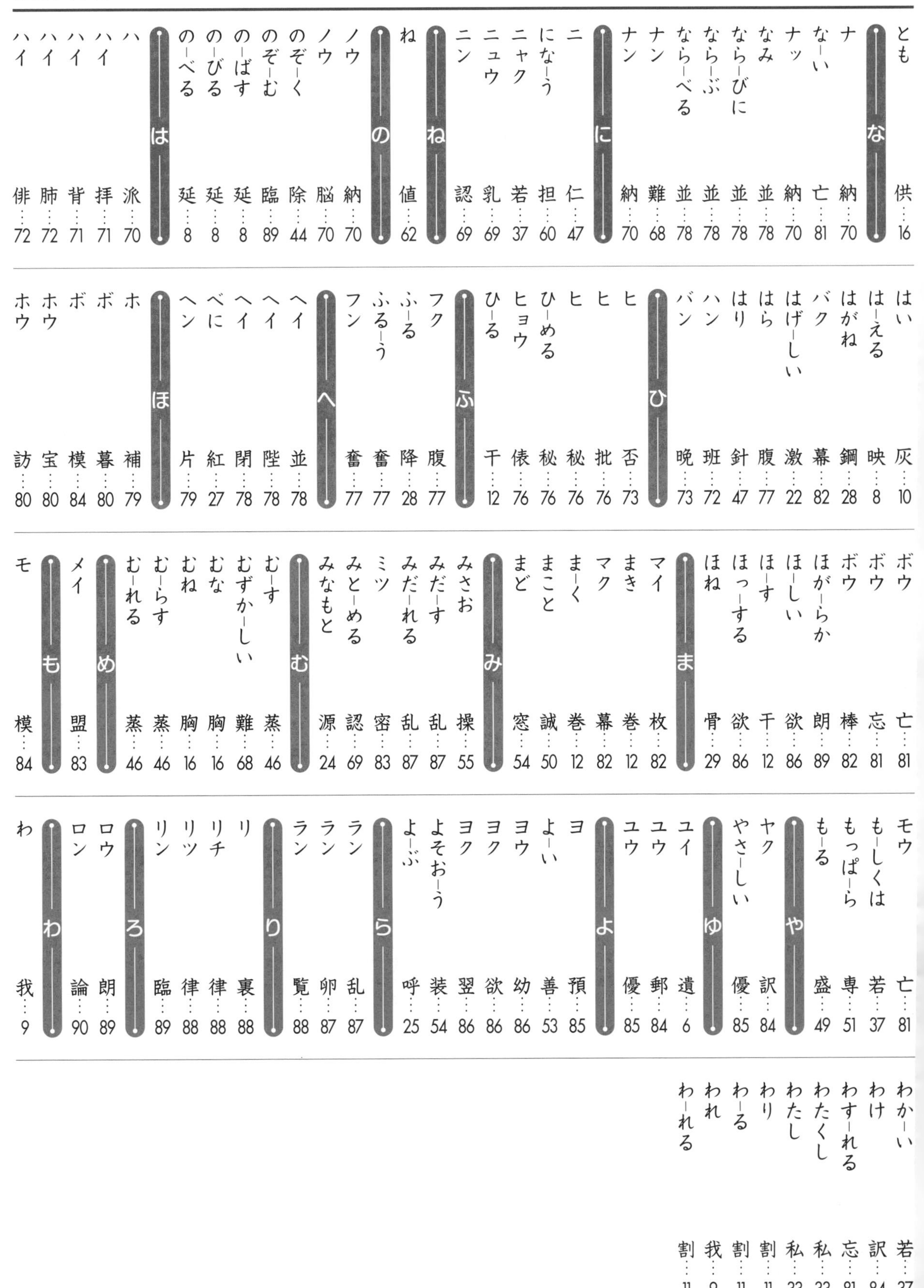

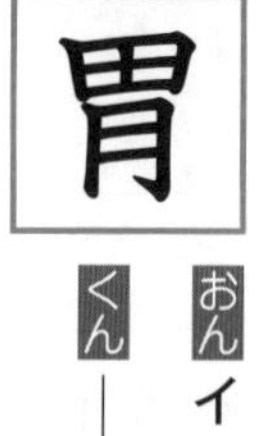

胃

おん　イ

くん　—

部首　月（にくづき）

画数　9画

成り立ち

「月（にくづき）」（臓器）と、食物が入ったふくろの形から、「いぶくろ」の意味を表す。

異

おん　イ

くん　こと

部首　田（た）

画数　11画

成り立ち

異

人が神の顔の面をかぶり、両手をあげた形からできた字。

遺

おん　イ・（ユイ）

くん　—

部首　辶（しんにょう・しんにゅう）

画数　15画

成り立ち

「辶」（道）に、音を表す「貴」を合わせた字。道に物をおとす意味を表し、「わすれる」「のこす」意味に用いる。

域

おん　イキ
くん　―

部首　土（つちへん・どへん）
画数　11画

点をわすれずに
ななめ右上の方向へ

域

成り立ち
或（さかいの意味と音を表す）＋土＝域（土地の「さかい」）

宇

おん　ウ
くん　―

部首　宀（うかんむり）
画数　6画

上の横ぼうより長く
はねる

宇

成り立ち
「宀」（やね）に、おおう意味と音を表す「于」を合わせた字。「やね・いえ」の意味から、「天下」の意味を表す。

使い方を覚えよう

①〜⑤の赤字の読みを送りがなもふくめて（　）に、⑥〜⑦の書きを□に、それぞれ書きなさい。

①胃の調子が悪い。（　）
②異常気象（　）
③遺志を受けつぐ。（　）
④地域の活動。（　）
⑤宇宙を旅する。（　）

⑥意見が□□（こと）なる。
⑦□□（おんいき）が広い。

答え
①い　②いじょう
③いし
④ちいき
⑤うちゅう
⑥異　⑦音域

ア

映

おん　エイ
くん　うつ-る・うつ-す・（は-える）

部首　日（ひへん・にちへん）
画数　9画

成り立ち
光を表す「日」に、うき出す意味と音(おん)を表す「央」を合わせた字。光が「はえる」意味を表し、「うつす」意味に用いる。

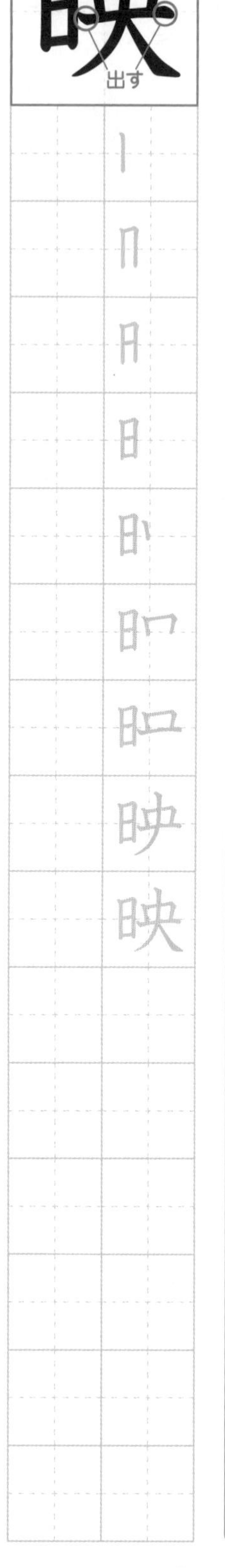

延

おん　エン
くん　の-びる・の-べる・の-ばす

部首　廴（えんにょう・いんにょう）
画数　8画

注意点
画数に注意する。部首の「廴（えんにょう・いんにょう）」は、三画。「㇋」の部分を二画で書く。

延
正としない

沿

おん　エン
くん　そ-う

部首　氵（さんずい）
画数　8画

成り立ち
「氵」（水）に、よる意味と音を表す「㕣」を合わせた字。流れに「そう」意味を表す。

沿
ハとしない

恩

おん　オン
くん　―

部首　心（こころ）
画数　10画

恩（はねる）

成り立ち
「心」に、あわれむ意味と音を表す「因」を合わせた字。いたみあわれむ心から、「めぐむ」意味を表す。

我

おん　（ガ）
くん　われ・（わ）

部首　戈（ほこ・ほこづくり）
画数　7画

我（わすれずに）（はねる）

成り立ち
ぎざぎざの刃先(はさき)を付けたほこの形からできた字。

使い方を覚えよう

①〜⑤の赤字の読みを送りがなもふくめて（　）に、⑥〜⑦の書きを□に、それぞれ書きなさい。

①鏡に映る。（　）
②運動会の延期。（　）
③海沿いの町。（　）
④命の恩人。（　）
⑤我々の学校。（　）
⑥期限を□(の)ばす。
⑦私鉄(してつ)の□□(えんせん)。

答え
①うつる　②えんき
③うみぞい
④おんじん
⑤われわれ
⑥延　⑦沿線

灰

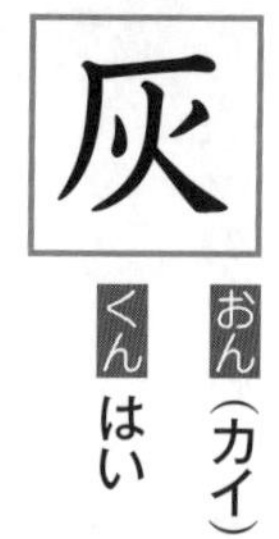

おん（カイ）
くん　はい
部首　火（ひ）
画数　6画

成り立ち

「火」と「又」（手）とで、かき出した燃えかす、「はい」の意味を表す。

拡

おん　カク
くん　――
部首　扌（てへん）
画数　8画

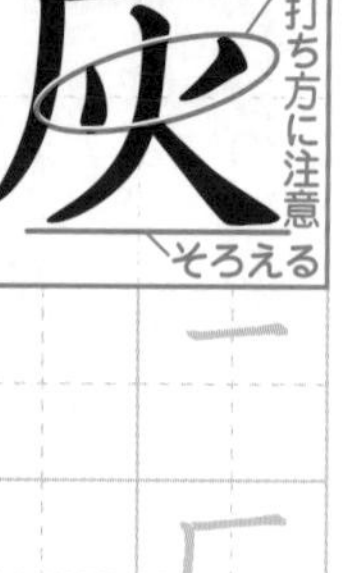

注意点

「広」と形が似ているので注意する。「拡」の読みは「カク」のみで、「ひろ-い」「ひろ-まる」などの読みはない。

革

おん　カク
くん（かわ）
部首　革（つくりがわ）
画数　9画

成り立ち

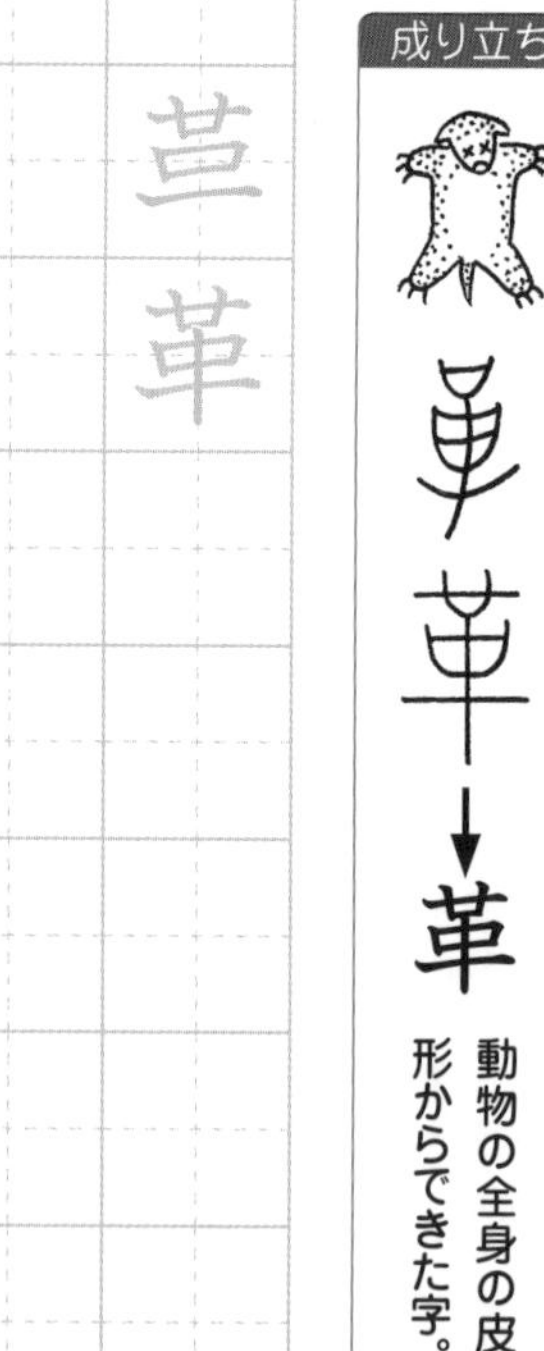

動物の全身の皮をのばした形からできた字。

閣

おん　カク
くん　―
部首　門（もんがまえ・かどがまえ）
画数　14画

とめる　はねる

閣

意味
「高い建物」の意味を表す。「関」と形が似ているので注意する。

割

おん　（カツ）
くん　わ-る・わり・わ-れる・（さ-く）
部首　刂（りっとう）
画数　12画

土としない　はねる

割

成り立ち
「刂」（刀）に、切れ目を入れる意味と音を表す「害」を合わせた字。「切りさく」意味を表す。

使い方を覚えよう

①〜⑤の赤字の読みを送りがなもふくめて（　）に、⑥〜⑦の書きを□に、それぞれ書きなさい。

①灰色の空。（　）
②地図を拡大する。（　）
③改革を進める。（　）
④内閣総理大臣（　）
⑤一定の割合。（　）

⑥ガラスを□（わ）る。
⑦□□□（かざんばい）が降る。

答え
①はいいろ　②かくだい　③かいかく　④ないかく　⑤わりあい　⑥割　⑦火山灰

株

おん　―
くん　かぶ

部首　木（きへん）
画数　10画

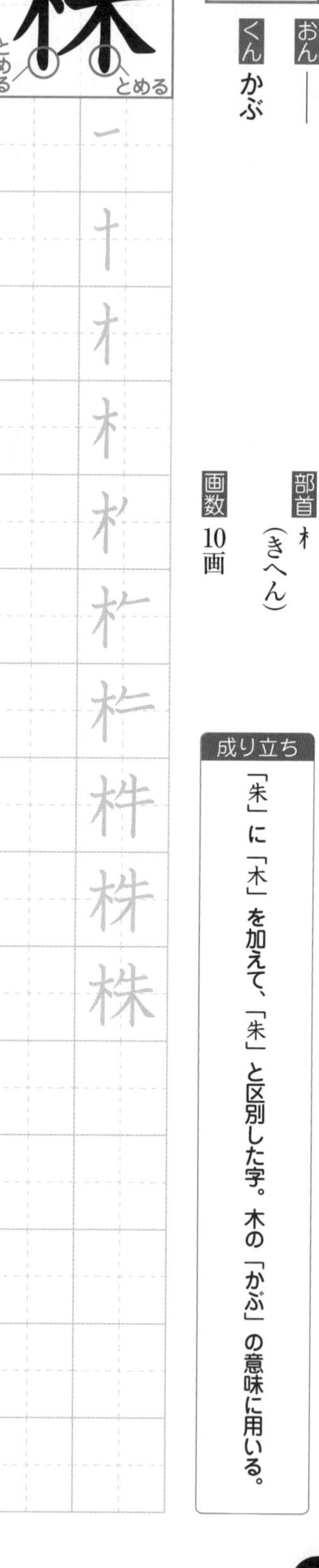

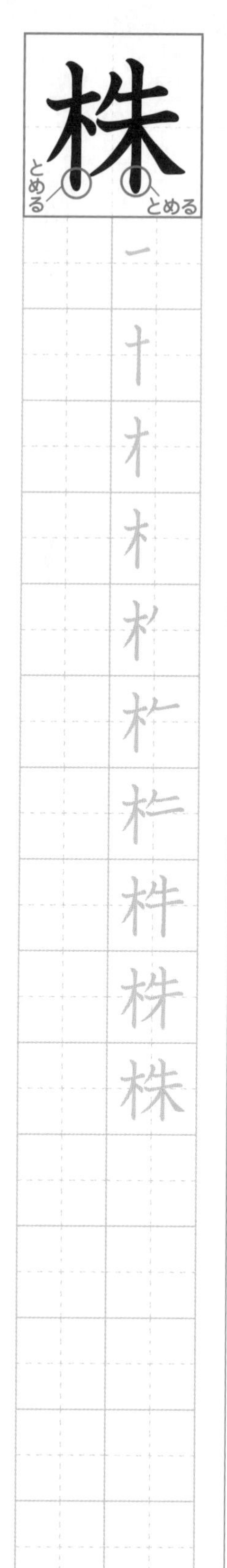

成り立ち

「朱」に「木」を加えて、「朱」と区別した字。木の「かぶ」の意味に用いる。

干

おん　カン
くん　ほ-す・(ひ-る)

部首　干（かん・いちじゅう）
画数　3画

成り立ち

武器に使われていた、先がふたまたになっている棒の形からできた字。

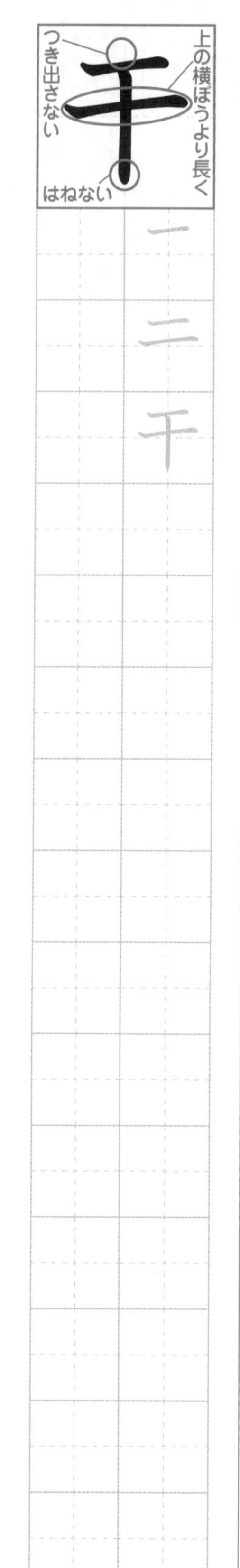

巻

おん　カン
くん　ま-く・まき

部首　己（おのれ・き・こ）
画数　9画

成り立ち

丸める
ひざまずく

体を丸める様子からできた字で、「まく」意味を表す。

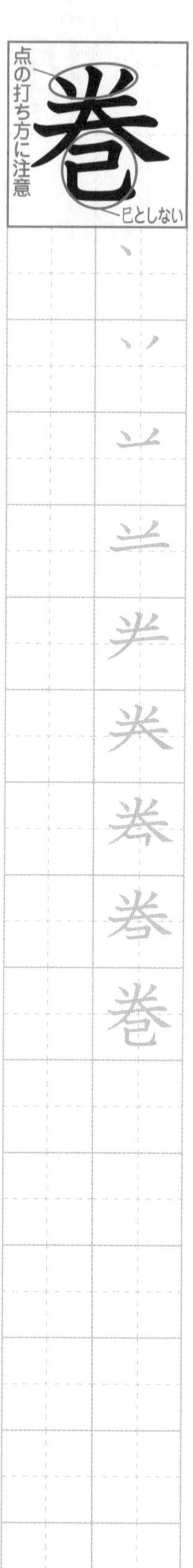

看

おん　カン
くん　—

つき出さない
一としない

部首　目（め）
画数　9画

成り立ち 
手と目とで、目の上に手をかざし遠くを見るという意味を表す。

簡

おん　カン
くん　—

はねる
とめる

部首　⺮（たけかんむり）
画数　18画

意味
文字を書けるようにけずった竹のふだの意味を表し、「手紙」や「手軽」などの意味に用いる。部首が「⺮（たけかんむり）」であることに注意する。

使い方を覚えよう

①～⑤の赤字の読みを送りがなもふくめて（　）に、⑥～⑦の書きを□に、それぞれ書きなさい。

① 切り株（　　）
② 潮（しお）の干満。（　　）
③ 本の上巻。（　　）
④ 看護の仕事。（　　）
⑤ 簡単な問題。（　　）
⑥ ロープを□（ま）く。
⑦ 洗（せん）たく物を□（ほ）す。

答え
①かぶ　②かんまん
③じょうかん
④かんご
⑤かんたん
⑥巻　⑦干

カ

危

おん　キ
くん　あぶ-ない・（あや-うい）・（あや-ぶむ）

部首　㔾（ふしづくり）
画数　6画

成り立ち
人ががけの上にいる様子
人がひざまずく様子
あぶない場所で人がしゃがみこむ様子からできた字。

己・已としない
マとしない

ノ ク ㇷ 户 㐫 危

机

おん　（キ）
くん　つくえ

部首　木（きへん）
画数　6画

成り立ち
「木」に、つくえの意味と音を表す「几」を加え、木のつくえの意味を表す。

上へはねる
とめる

一 十 オ 木 朷 机

揮

おん　キ
くん　——

部首　扌（てへん）
画数　12画

成り立ち
「扌」（手）に、まわす意味と音を表す「軍」を合わせた字。「手をふり回す」意味を表す。

やや長く
はねる

一 十 扌 扌 扌 扌 扌 挌 挹 揮 揮 揮

貴

おん　キ
くん　（たっと-い）・（とうと-い）・（たっと-ぶ）・（とうと-ぶ）

部首　貝（かい）
画数　12画

成り立ち
両手で持ち上げる様子

貝を両手で持ち上げる様子を表した字で、高く上げる意味を表し、「値が高い、たっとい」意味に用いる。

長く
とめる

疑

おん　ギ
くん　うたが-う

部首　⻊（ひき）
画数　14画

注意点
送りがなに注意する。
×疑がう　疑がい　疑がわしい
○疑う　疑い　疑わしい

つき出さない
とめる

使い方を覚えよう

①〜⑤の赤字の読みを送りがなもふくめて（　）に、⑥〜⑦の書きを□に、それぞれ書きなさい。

①危ない行動。（　）
②机を移動する。（　）
③実力を発揮する。（　）
④貴重な体験。（　）
⑤疑いが晴れる。（　）
⑥ぎもん が残る。
⑦きけん な場所には行かない。

答え
①あぶない　②つくえ　③はっき　④きちょう　⑤うたがい　⑥疑問　⑦危険

カ

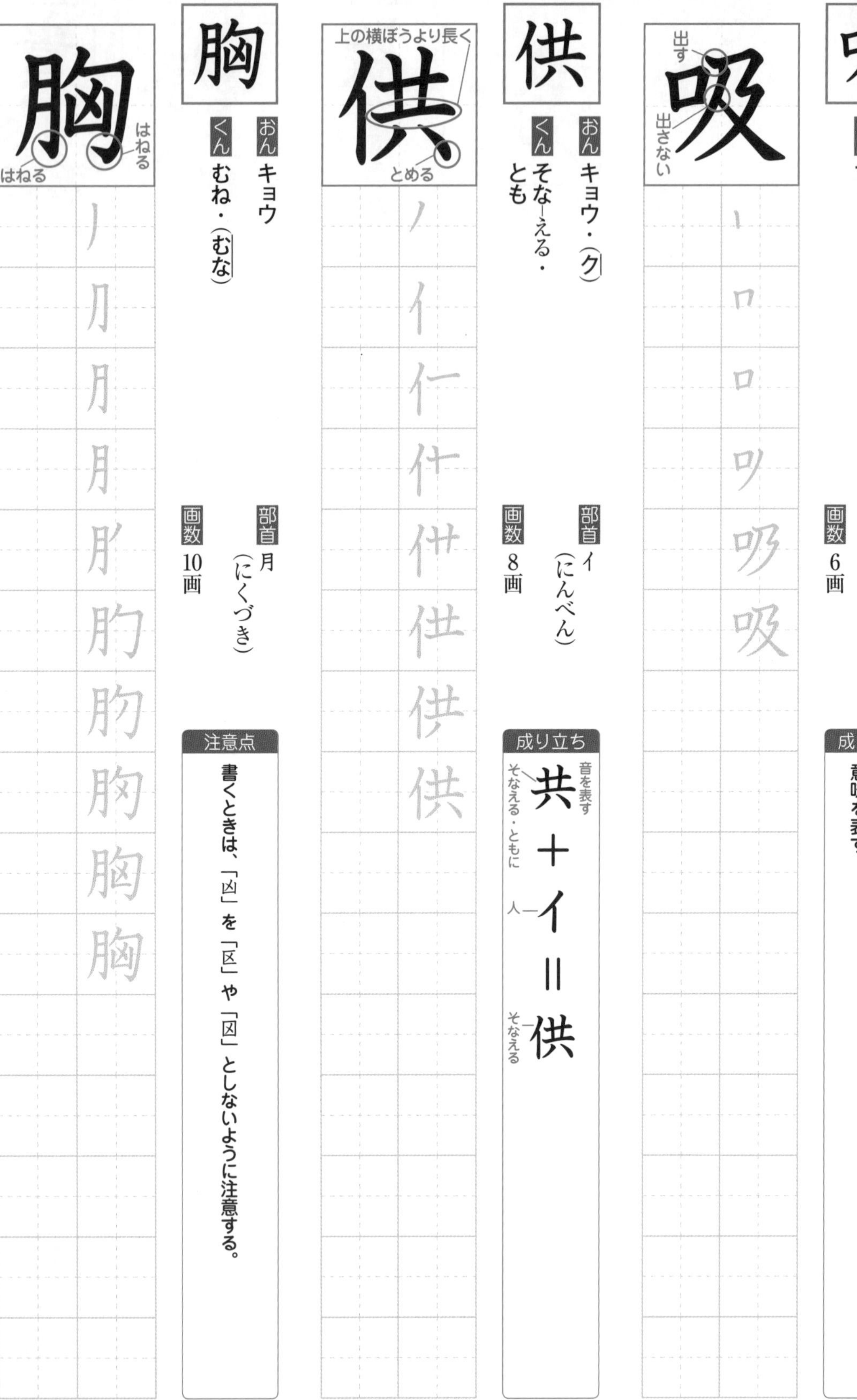

吸

おん　キュウ
くん　す-う

部首　口（くちへん）
画数　6画

成り立ち
「口」に、とりこむ意味と音を表す「及」を合わせた字。「口で息をすいこむ」意味を表す。

供

おん　キョウ・(ク)
くん　そな-える・とも

部首　亻（にんべん）
画数　8画

成り立ち
共（音を表す・そなえる・ともに）＋亻（人）＝供（そなえる）

胸

おん　キョウ
くん　むね・(むな)

部首　月（にくづき）
画数　10画

注意点
書くときは、「凶」を「区」や「匁」としないように注意する。

郷

おん　キョウ・(ゴウ)
くん　――

部首　阝（おおざと）
画数　11画

意味
「むら・ふるさと」の意味に用いる。画数に注意する。部首の「阝（おおざと）」は、三画で書く。

郷（糸としない・艮としない）

く　幺　乡　乡ㇷ　乡ㇷ　乡ㇷ　郷　郷　郷　郷　郷

勤

おん　キン・(ゴン)
くん　つと-める・つと-まる

部首　力（ちから）
画数　12画

注意点
・勤める…会社に勤める。
・努める…解決に努める。
・務める…議長を務める。

勤（廿としない・はねる）

一　十　廿　廿　芇　芇　芇　革　革　菫　勤　勤

使い方を覚えよう

①〜⑤の赤字の読みを送りがなもふくめて（　）に、⑥〜⑦の書きを□に、それぞれ書きなさい。

①ポンプで吸引する。（　）
②情報を提供する。（　）
③胸囲を測る。（　）
④郷土の歴史。（　）
⑤市役所に勤める。（　）

⑥会社に□□（きんむ）する。
⑦お□（そな）え物

答え
①きゅういん　②ていきょう　③きょうい　④きょうど　⑤つとめる　⑥勤務　⑦供

筋

おん　キン
くん　すじ

部首　⺮（たけかんむり）
画数　12画

意味
竹のすじを表すことから、広く「すじ」の意味に用いる。

はねる　はねる

系

おん　ケイ
くん　――

部首　糸（いと）
画数　7画

成り立ち

糸に、そのひっかかっている所を示す／を加えた字で、「かかる」意味を表す。

一としない　とめる

敬

おん　ケイ
くん　うやま-う

部首　攵（ぼくにょう・のぶん）
画数　12画

注意点
送りがなに注意する。
×敬まう
○敬う

攵としない　やや丸みをつけてはねる

警

おん　ケイ
くん　―

点の向きに注意
長く

部首　言（げん）
画数　19画

成り立ち
「言」に、いましめる意味と音を表す「敬」を合わせた字で、言葉で「いましめる」意味を表す。

劇

おん　ゲキ
くん　―

はねる
やや丸みをつけてはねる

部首　刂（りっとう）
画数　15画

注意点
三画目の書き順に注意する。
「丨」→「⺊」→「⺍」の順に書く。

使い方を覚えよう

①～⑤の赤字の読みを送りがなもふくめて（　）に、⑥～⑦の書きを□に、それぞれ書きなさい。

①物語の筋。（　）
②太陽系の星。（　）
③老人を敬う。（　）
④交番の警官。（　）
⑤劇場に行く。（　）

⑥年長者に［けい　い］を表す。
⑦うでの［きん　にく］。

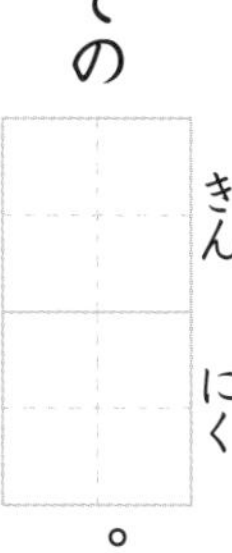

答え
①すじ　②たいようけい　③うやまう　④けいかん　⑤げきじょう
⑥敬意　⑦筋肉

復習ドリル①

1　――部の漢字の読みがなを書きましょう。（1問4点／10問）

①道路の拡張工事が行われる。（　）

②半信半疑で話を聞く。（　）

③オーケストラの指揮者となる。（　）

④干潮のときには砂(すな)はまが現れる。（　）

⑤危険(きけん)区域への立ち入りを禁止する。（　）

⑥株式会社を設立する。（　）

⑦城の天守閣にのぼる。（　）

⑧平安貴族の暮(く)らし。（　）

⑨マラソン選手に沿道から声えんを送る。（　）

⑩外国の革命について勉強する。（　）

答え→94ページ

点

2 次の□の中に漢字を入れましょう。

（1問5点／12問）

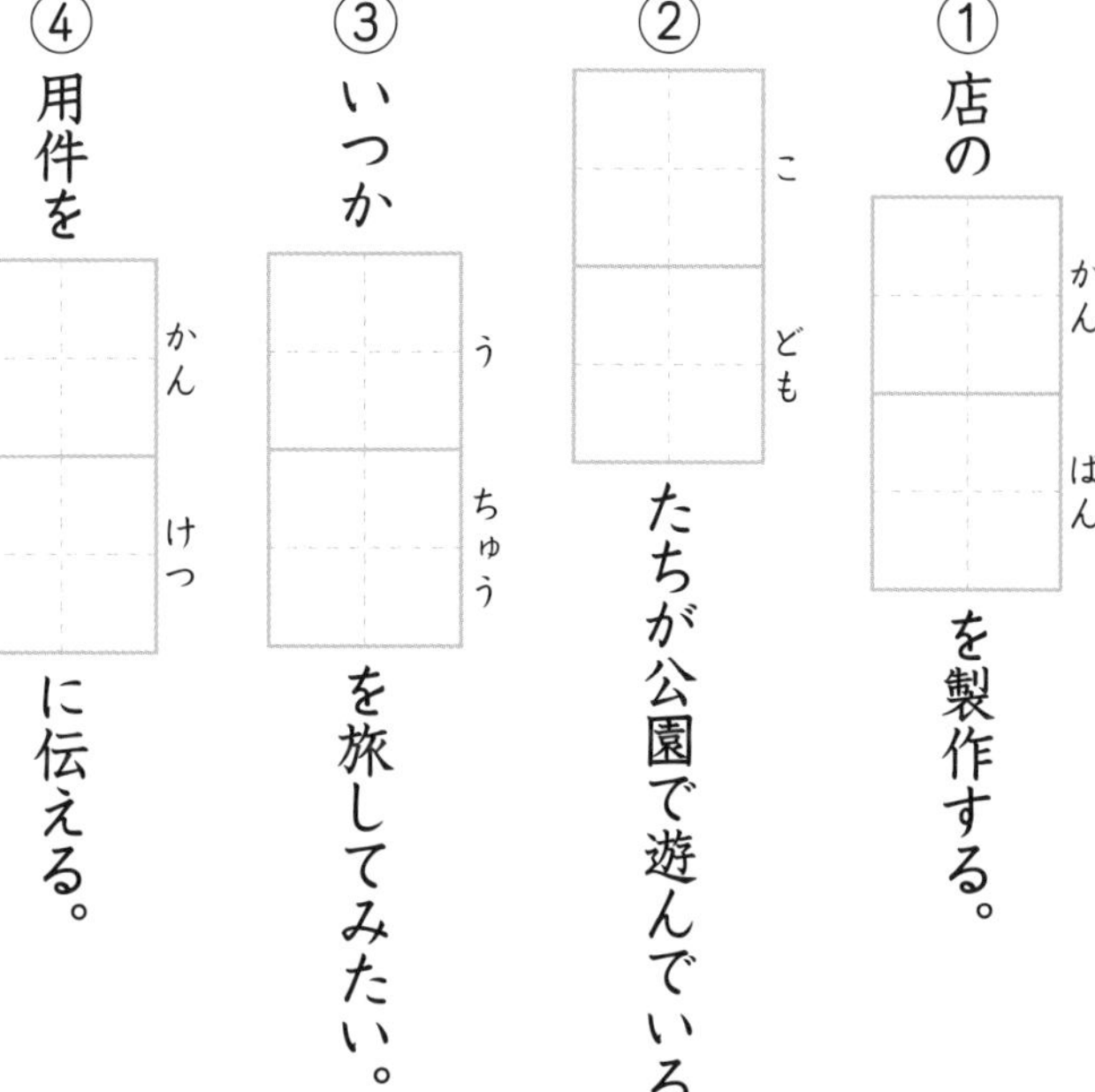

① 店の□□（かんばん）を製作する。

② □□（こども）たちが公園で遊んでいる。

③ いつか□□（うちゅう）を旅してみたい。

④ 用件を□□（かんけつ）に伝える。

⑤ 相手の意見に□□（いぎ）を唱える。

⑥ テレビの□□（えいぞう）が乱（みだ）れる。

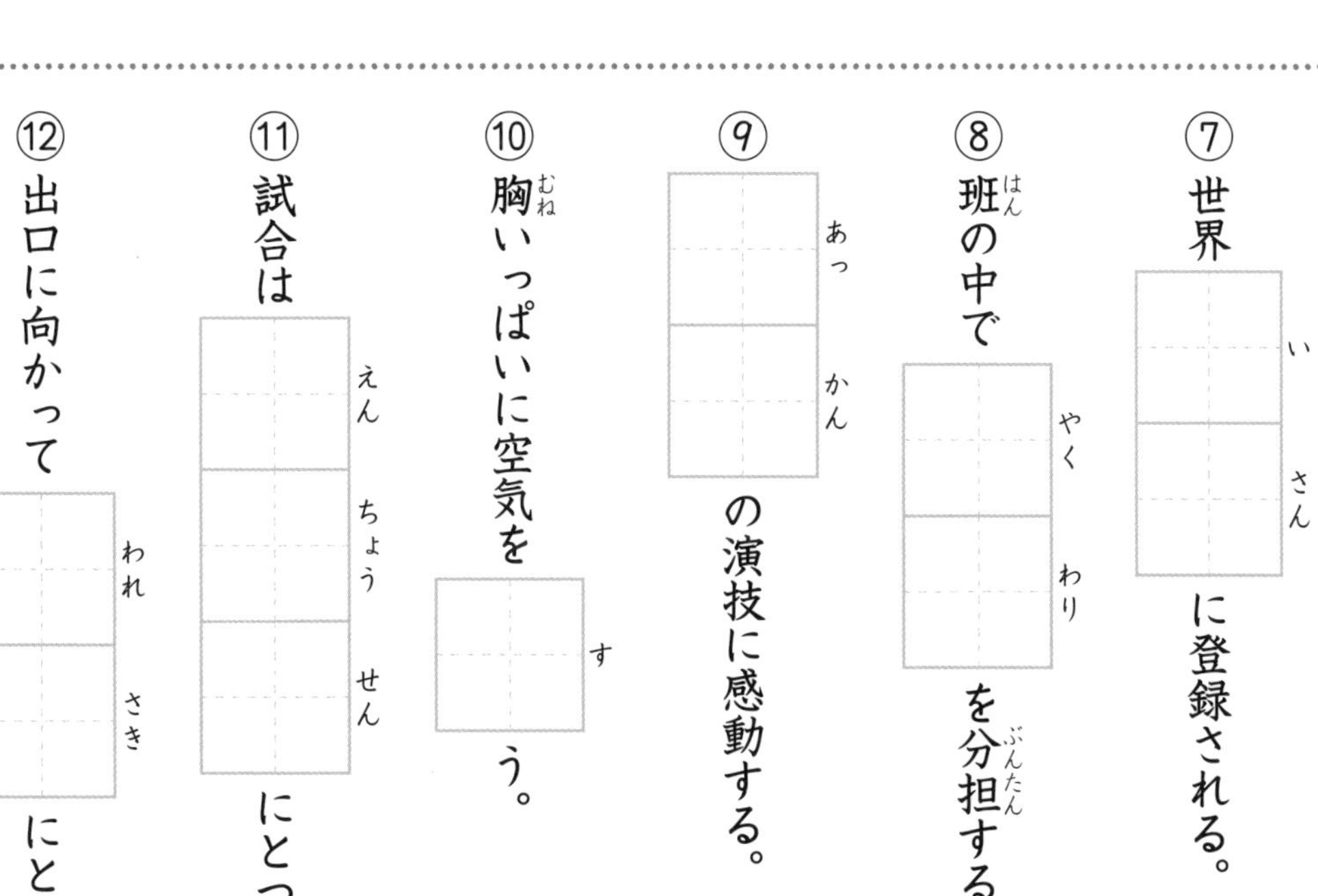

⑦ 世界□□（いさん）に登録される。

⑧ 班（はん）の中で□□（やくわり）を分担（ぶんたん）する。

⑨ □□（あっかん）の演技に感動する。

⑩ 胸（むね）いっぱいに空気を□（す）う。

⑪ 試合は□□□（えんちょうせん）にとつ入した。

⑫ 出口に向かって□□（われさき）にと走る。

激

おん　ゲキ
くん　はげ-しい

部首　氵（さんずい）
画数　16画

意味
水がはげしく打ちあたる意味から、「はげしい」意味を表す。

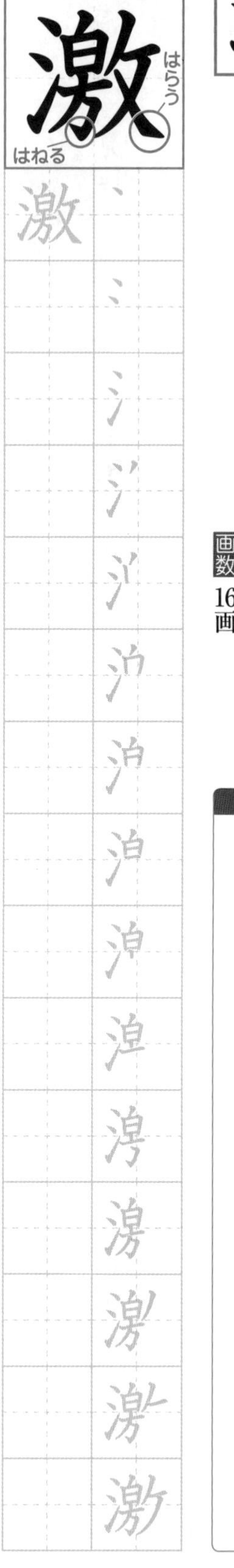

穴

おん　（ケツ）
くん　あな

部首　穴（あな）
画数　5画

注意点
部首が「穴（あな）」であることに注意する。

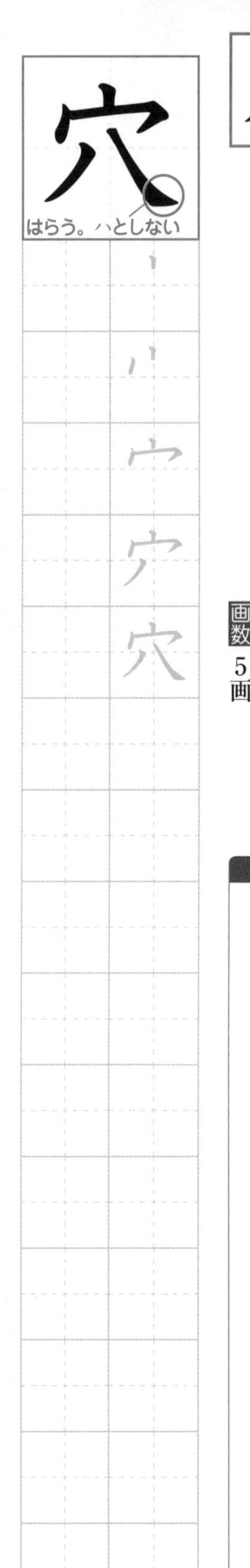

券

おん　ケン
くん　——

部首　刀（かたな）
画数　8画

注意点
書くときは、下の「刀」を「力」としないように注意する。

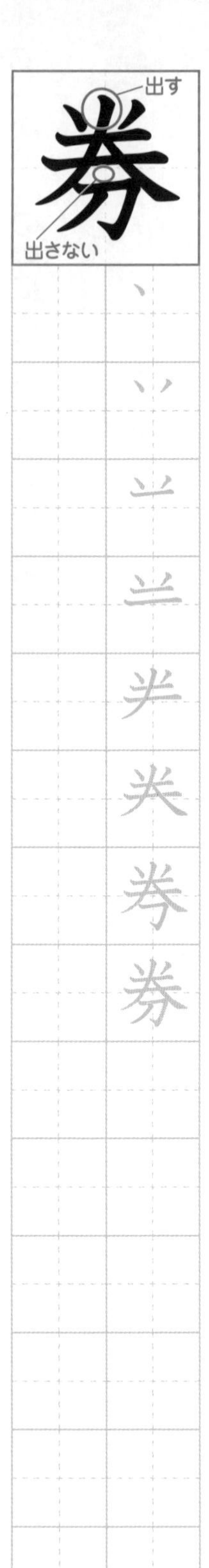

絹

おん（ケン）
くん きぬ

部首 糸（いとへん）
画数 13画

成り立ち
「糸」に、丸くまく意味と音を表す「肙」を合わせた字。丸い糸で織った「きぬ」の意味を表す。

とめる　はねる

権

おん ケン・（ゴン）
くん ―

部首 木（きへん）
画数 15画

意味
「おもり」「人を支配する力」の意味に用いる。書くときは、「隺」を、「隹」としないように注意する。

つき出さない　向きに注意

使い方を覚えよう

①～⑤の赤字の読みを送りがなもふくめて（　）に、⑥～⑦の書きを□に、それぞれ書きなさい。

①激動の時代。（　）
②穴をほる。（　）
③乗車券を買う。（　）
④絹の着物。（　）
⑤権利と義務。（　）

⑥雨が□（はげ）しい。
⑦□□（けんりょく）を争う。

答え
①げきどう　②あな　③じょうしゃけん　④きぬ　⑤けんり
⑥激　⑦権力

憲

おん　ケン
くん　──
部首　心（こころ）
画数　16画

成り立ち
「心」に、ふさぎ止める意味と音を表す「害」を合わせた字。人をおさえる規則の意味を表す。

源

おん　ゲン
くん　みなもと
部首　氵（さんずい）
画数　13画

注意点
使い方に注意する。
・源…源流　電源　資源
・原…原因　草原　原野

厳

おん　ゲン・（ゴン）
くん　（おごそ-か）・きび-しい
部首　⺍（つ）
画数　17画

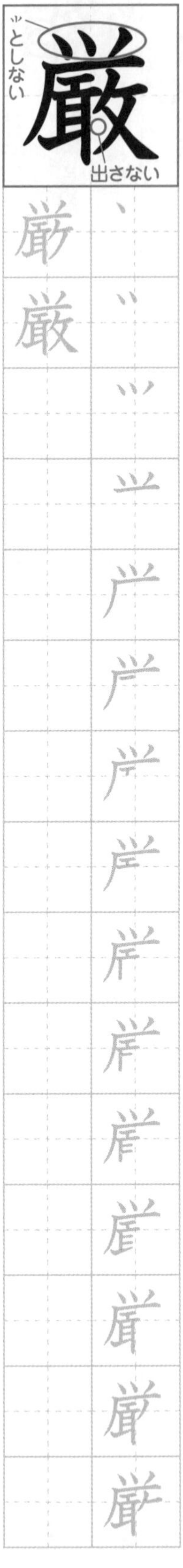

注意点
送りがなに注意する。
×厳い
○厳しい

己

おん　コ・（キ）
くん　（おのれ）

部首　己（おのれ・き・こ）
画数　3画

あける
角をつけずに曲げて上にはねる

己

成り立ち

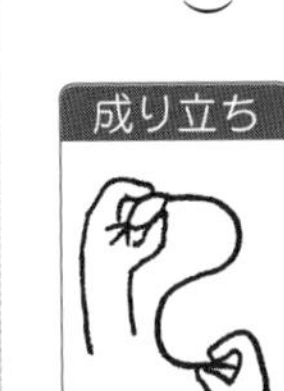

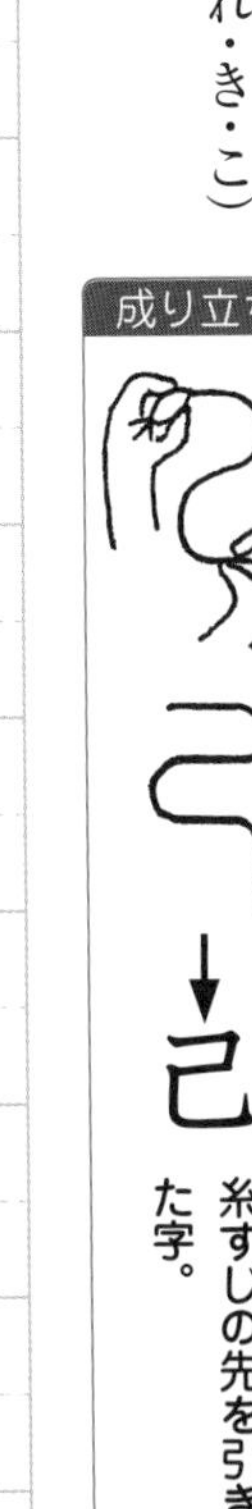

糸すじの先を引き出す様子を表した字。

呼

おん　コ
くん　よ-ぶ

部首　口（くちへん）
画数　8画

点の打ち方に注意
はねる

呼

注意点

「吸（キュウ・す-う）」と形が似ているので注意する。

使い方を覚えよう

①～⑤の赤字の読みを送りがなもふくめて（　）に、⑥～⑦の書きを□に、それぞれ書きなさい。

①日本国憲法（　　）
②語源を調べる。（　　）
③厳しいおきて。（　　）
④自己主張をする。（　　）
⑤名前を呼ぶ。（　　）

⑥川の□□（みなもと）。
⑦□□（てんこ）をとる。

答え
①けんぽう　②ごげん　③きびしい
④じこしゅちょう
⑤よぶ
⑥源　⑦点呼

誤

おん　ゴ
くん　あやま-る

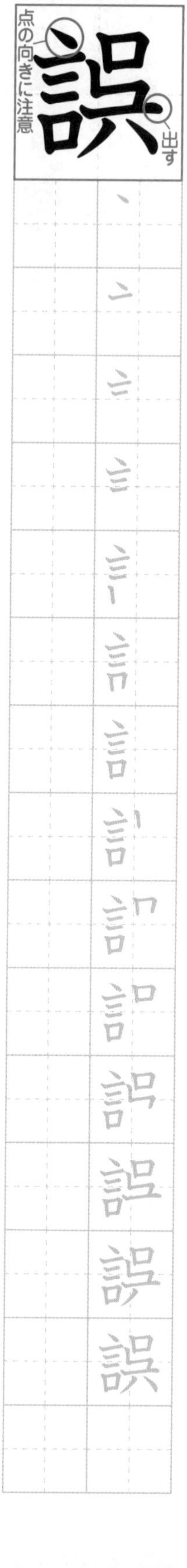

部首　言（ごんべん）
画数　14画

成り立ち
「言」に、くいちがう意味と音（おん）を表す「呉」を合わせた字。事実とくいちがった言葉を表す。

后

おん　コウ
くん　―

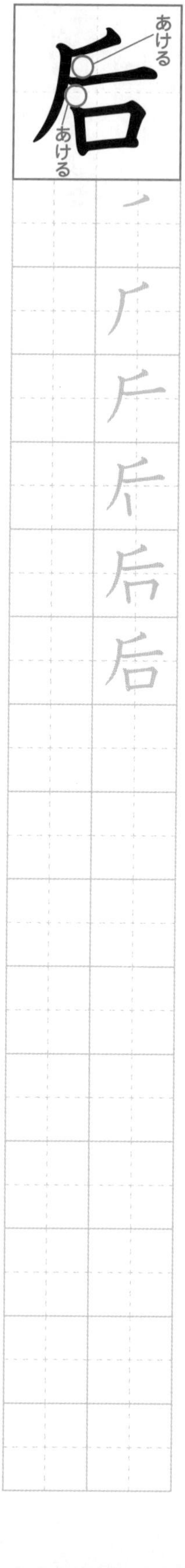

部首　口（くち）
画数　6画

意味
「きみ」「きさき」の意味に用いる。書くときは、「后」としないように注意する。

孝

おん　コウ
くん　―

部首　子（こ）
画数　7画

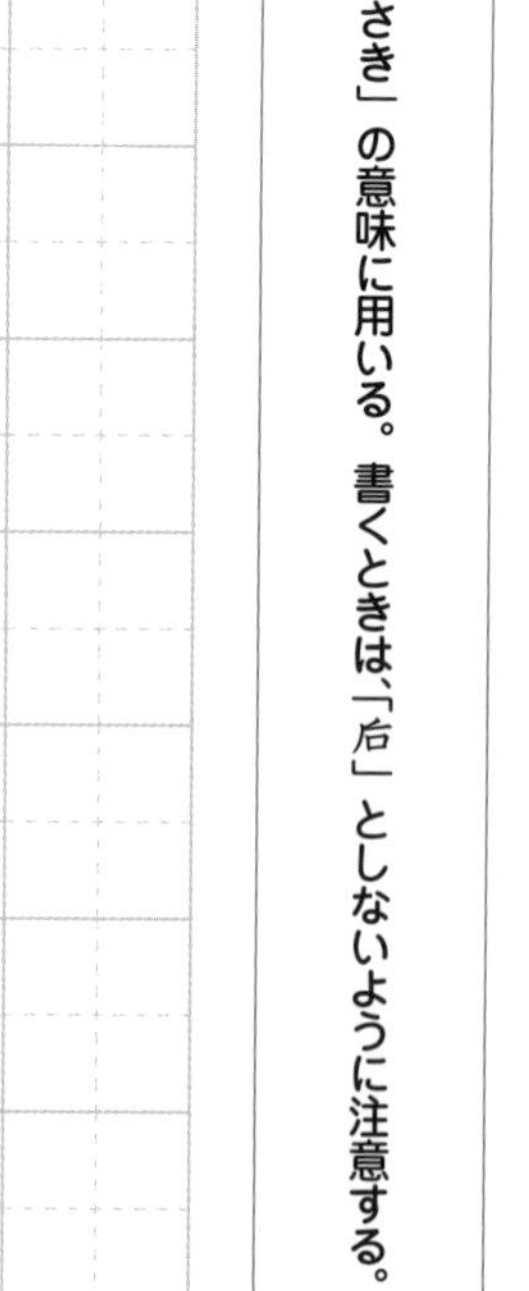

成り立ち
「老」を省略した形の「耂」と「子」で、子どもが老人（父母）につくす意味を表す。

皇

おん　コウ・オウ
くん　――
部首　白（しろ）
画数　9画

自としない
長く

ノ　ノ　白　白　白　白　阜　皇　皇

注意点
読み方に注意する。上に「ン」がくるときは、「オウ」は「ノウ」という読みになる。
例：天皇（てんのう）　勤皇（きんのう）

紅

おん　コウ・(ク)
くん　べに・(くれない)
部首　糸（いとへん）
画数　9画

上の横ぼうより長く
はねない

く　幺　幺　糸　糸　糸　紅　紅　紅

注意点
読みに注意する。「あか」という読みはない。

使い方を覚えよう

①〜⑤の赤字の読みを送りがなもふくめて（　）に、⑥〜⑦の書きを□に、それぞれ書きなさい。

① 誤解を受ける。（　　）
② 皇后陛下（へいか）（　　）
③ 親孝行をする。（　　）
④ 天皇誕生日（たんじょうび）（　　）
⑤ 紅茶を飲む。（　　）

⑥ 操作（そうさ）を［あやま］る。
⑦ ［くちべに］をつける。

答え
①ごかい　②こうごう
③おやこうこう
④てんのう
⑤こうちゃ
⑥誤　⑦口紅

カ

降

つき出す

おん　コウ

くん　お-りる・お-ろす・ふ-る

部首　阝（こざとへん）

画数　10画

成り立ち

両足で階段をおりる様子を表した字。

鋼

ななめ右上の方向へ

はねる

おん　コウ

くん　（はがね）

部首　金（かねへん）

画数　16画

成り立ち

「金」に、強い意味と音を表す「岡」を合わせた字。「きたえて強くした鉄」の意味を表す。

刻

玄としない

はねる

おん　コク

くん　きざ-む

部首　刂（りっとう）

画数　8画

注意点

区別して使う。

・時刻…その時。「約束の時刻」。

・時間…時刻と時刻の間。「休み時間」。

穀

おん　コク
くん　―

部首　禾（のぎ）
画数　14画

土としない　くっつけない

一 十 士 声 声 声 声 幸 幸 幸 隶 隶 穀 穀

成り立ち
「禾」（いね）に、固いからの意味と音を表す「殻」を合わせた字。固いからをかぶったもみの意味を表し、「こくもつ」の意味に用いる。

骨

おん　コツ
くん　ほね

部首　骨（ほね）
画数　10画

としない　はねる

丨 冂 冎 冎 冎 冎 骨 骨 骨 骨

成り立ち
関節のほねをかたどった字。

使い方を覚えよう

①～⑤の赤字の読みを送りがなもふくめて（　）に、⑥～⑦の書きを□に、それぞれ書きなさい。

①バスを降りる。（　）
②鉄鋼業がさかんだ。（　）
③時刻を表示する。（　）
④穀物を生産する。（　）
⑤足を骨折する。（　）

⑥ □（ほね）を折る。
⑦心に□（きざ）む。

答え
①おりる　②てっこう
③じこく
④こくもつ
⑤こっせつ
⑥骨　⑦刻

困

おん　コン

くん　こま-る

部首　口（くにがまえ）

画数　7画

成り立ち

「木」が「口」（かこい）に入れられてのびられない様子を表した字。

砂

おん　サ・（シャ）

くん　すな

部首　石（いしへん）

画数　9画

注意点

書くときは、「少」を「小」としないように注意する。

座

おん　ザ

くん　（すわ-る）

部首　广（まだれ）

画数　10画

成り立ち

すわる意味と音を表す「坐」に「广」を加えて、おもに、すわる場所の意味を表す。

済

おん　サイ
くん　す-む・す-ます

部首　氵（さんずい）
画数　11画

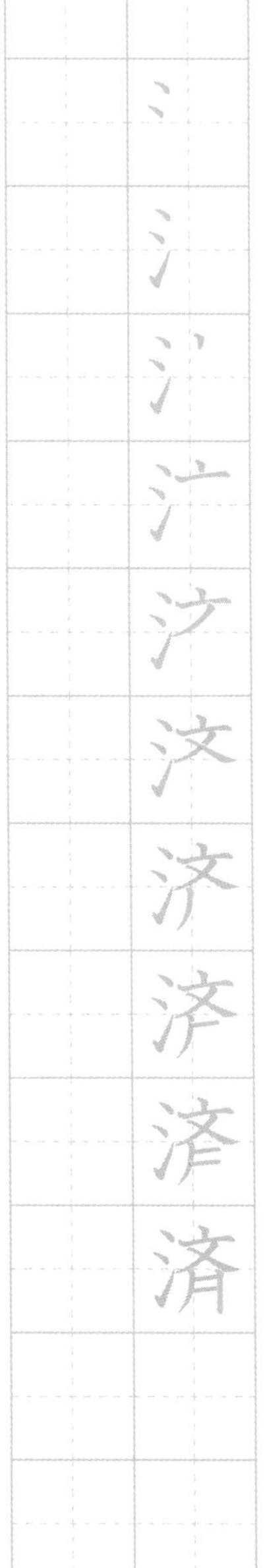

注意点
書くときは「氵」を「冫」としないように注意する。下の部分は「月」ではなく、「月」。

裁

おん　サイ
くん　（た-つ）・さば-く

部首　衣（ころも）
画数　12画

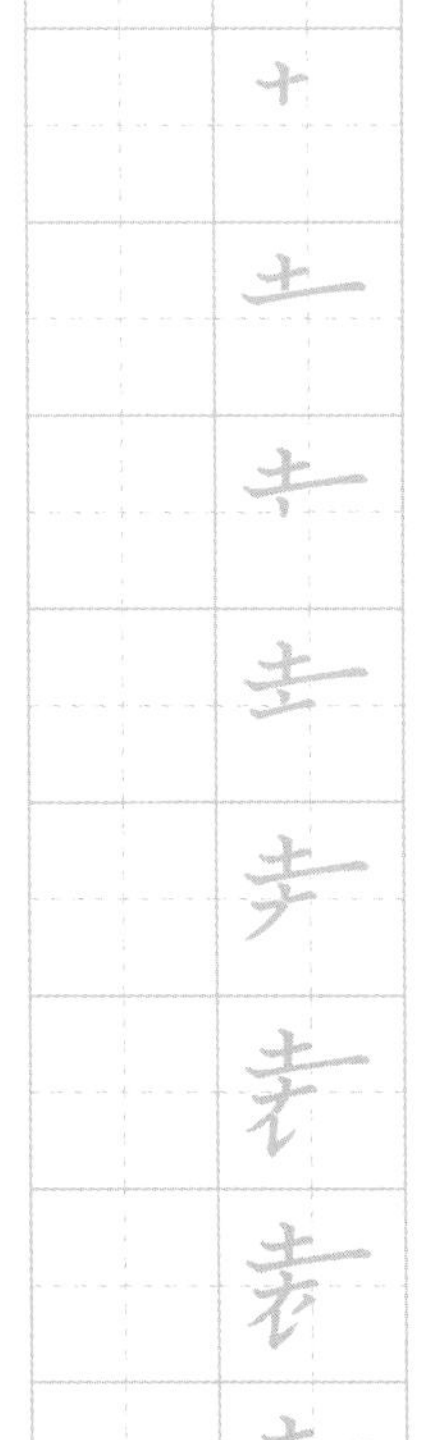

成り立ち
「衣」に、切断する意味と音を表す「𢦏」を合わせた字。布を「たつ」意味、「さばく」意味を表す。

使い方を覚えよう

①〜⑤の赤字の読みを送りがなもふくめて（　）に、⑥〜⑦の書きを□に、それぞれ書きなさい。

①返答に困る。（　　）
②砂場で遊ぶ。（　　）
③座席に着く。（　　）
④経済を学ぶ。（　　）
⑤罪を裁く。（　　）

⑥宿題を□ます。（す）

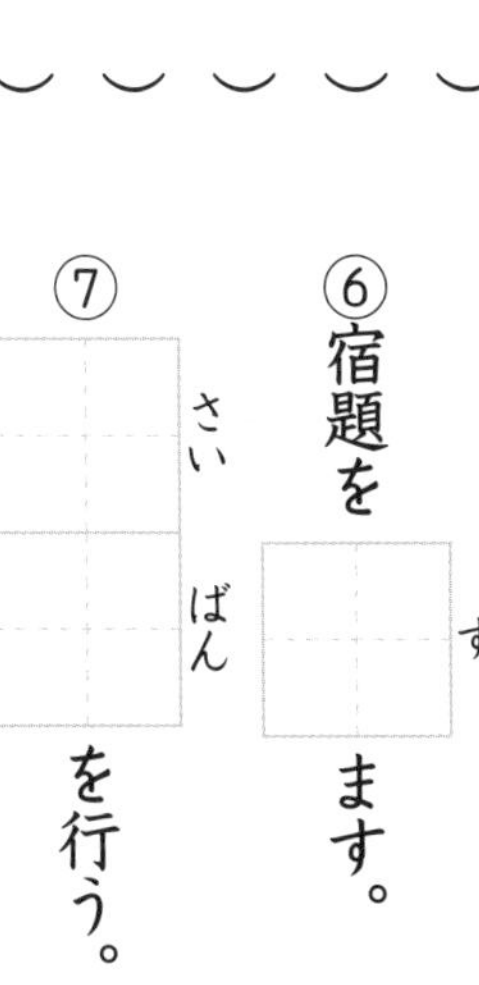

⑦□□を行う。（さいばん）

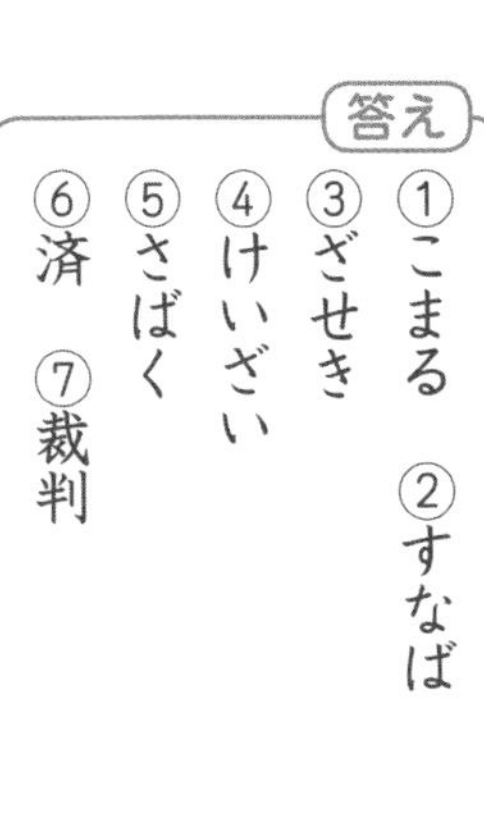

答え
①こまる　②すなば
③ざせき
④けいざい
⑤さばく
⑥済　⑦裁判

策

おん サク
くん ―
部首 ⺮（たけかんむり）
画数 12画

意味
「はかりごと」の意味に用いる。書くときは、「朿」を「束」としないように注意する。

冊

おん サツ・（サク）
くん ―
部首 冂（けいがまえ・まきがまえ）
画数 5画

出す
はねる

成り立ち

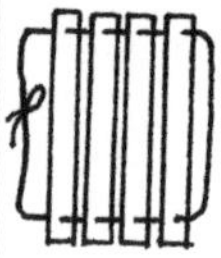

竹ふだや木簡（もっかん）などをひもで編んだ形からできた字。

蚕

おん サン
くん かいこ
部首 虫（むし）
画数 10画

注意点
書くときは、「天」を「夭」としないように注意する。

至

おん　シ
くん　いた-る

部首　至（いたる）
画数　6画

上の横ぼうより長く

一　𠫔　𠫔　𦤳　至　至

成り立ち

下向きの矢が目標線にとどいた様子を表した字。

私

おん　シ
くん　わたくし・わたし

部首　禾（のぎへん）
画数　7画

とめる
とめる

丿　二　千　禾　禾　私　私

注意点

書くときは、「禾」を「示」としないように注意する。

使い方を覚えよう

①〜⑤の赤字の読みを送りがなもふくめて（　）に、⑥〜⑦の書きを□に、それぞれ書きなさい。

①対策を立てる。（　　）
②一冊の本。（　　）
③養蚕農家（　　）
④至急の用事。（　　）
⑤私語をつつしむ。（　　）

⑥現在に□（いた）る。
⑦□（わたし）の家族。

答え
①たいさく　②いっさつ　③ようさん　④しきゅう　⑤しご　⑥至　⑦私

サ

姿

おん　シ
くん　すがた

部首　女（おんな）
画数　9画

注意点
「資」「委」と形が似ているので注意する。

視

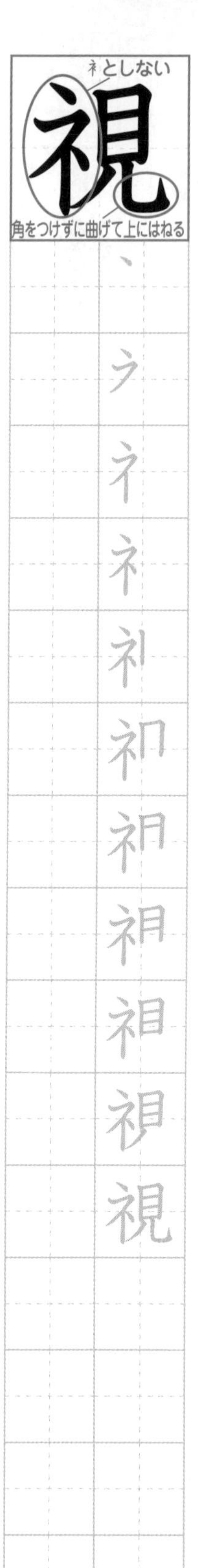

おん　シ
くん　―

部首　見（みる）
画数　11画

注意点
部首に注意する。目で見ることを表す字なので、部首は「見（みる）」。

詞

おん　シ
くん　―

部首　言（ごんべん）
画数　12画

成り立ち
「言」に、おさめる意味と音を表す「司」を合わせた字。物事をおさめる「ことば」の意味を表す。

誌

おん　シ
くん　—
部首　言（ごんべん）
画数　14画

成り立ち
「言」に、しるす意味と音を表す「志」を合わせた字。言葉を書きとめる意味を表し、「しるす」意味に用いる。

誌（点の向きに注意／士としない）

磁

おん　ジ
くん　—
部首　石（いしへん）
画数　14画

注意点
書くときは、「丷」を「ツ」、「幺」を「糸」としないように注意する。

磁（ツとしない／とめる）

使い方を覚えよう

①〜⑤の赤字の読みを送りがなもふくめて（　）に、⑥〜⑦の書きを□に、それぞれ書きなさい。

①姿を現す。（　　）
②視野を広げる。（　　）
③歌詞を覚える。（　　）
④雑誌を読む。（　　）
⑤電磁波が伝わる。（　　）

⑥ □□（しせい）がよい。
⑦ □□（じしゃく）の性質。

答え
①すがた　②しや
③かし
④ざっし
⑤でんじは
⑥姿勢　⑦磁石

サ

射

おん　シャ
くん　い-る

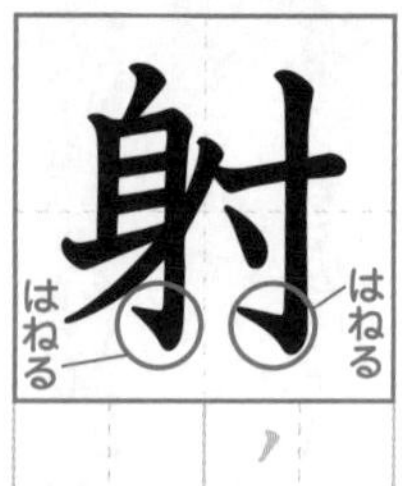

部首　寸（すん）
画数　10画

成り立ち

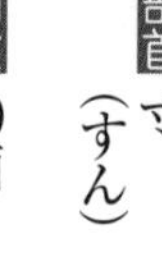

捨

おん　シャ
くん　す-てる

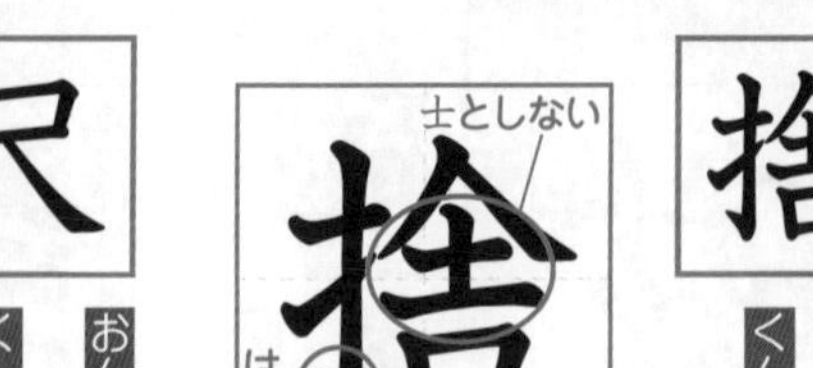

部首　扌（てへん）
画数　11画

注意点

「拾」と形が似ているので注意する。

・ごみ箱に紙くずを捨てる。
・ろう下でハンカチを拾う。

尺

おん　シャク
くん　――

部首　尸（しかばね・しかばねかんむり）
画数　4画

成り立ち

指ではばをはかっている形からできた字。

若

おん　（ジャク）・（ニャク）

くん　わか-い・（も-しくは）

部首　艹（くさかんむり・そうこう）

画数　8画

注意点

書くときは、「右」を「石」としないように注意する。

樹

おん　ジュ

くん　―

部首　木（きへん）

画数　16画

ななめ右上の方向へ　はねる

成り立ち

「木」に、まっすぐ立つ意味を表す「尌」を合わせた字で、まっすぐに立っている木を表す。

使い方を覚えよう

①〜⑤の赤字の読みを送りがなもふくめて（　）に、⑥〜⑦の書きを□に、それぞれ書きなさい。

① 的を射る。（　　）

② 四捨五入（　　）

③ 巻き尺で測る。（　　）

④ 若い人たち。（　　）

⑤ 樹木が育つ。（　　）

⑥ □□（ちゅうしゃ）を打つ。

⑦ ごみを□（す）てる。

答え

① いる　② ししゃごにゅう　③ じゃく　④ わかい　⑤ じゅもく　⑥ 注射　⑦ 捨

サ

復習ドリル②

1 ――部の漢字の読みがなを書きましょう。（1問4点／10問）

①電車の定期券を買う。（　　）

②雑穀を米にまぜてご飯をたく。（　　）

③自分の容姿を気にかける。（　　）

④蚕を飼う。（　　）

⑤砂（すな）の中から砂鉄を集める。（　　）

⑥方位磁石で方角を調べる。（　　）

⑦森をぬけると視界が広がった。（　　）

⑧冬至の日にはゆず湯に入る。（　　）

⑨降水量が多い地域。（　　）

⑩母は洋裁の先生をしている。（　　）

答え→94ページ

点

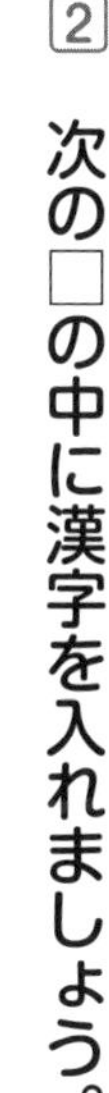

2 次の□の中に漢字を入れましょう。（1問5点／12問）

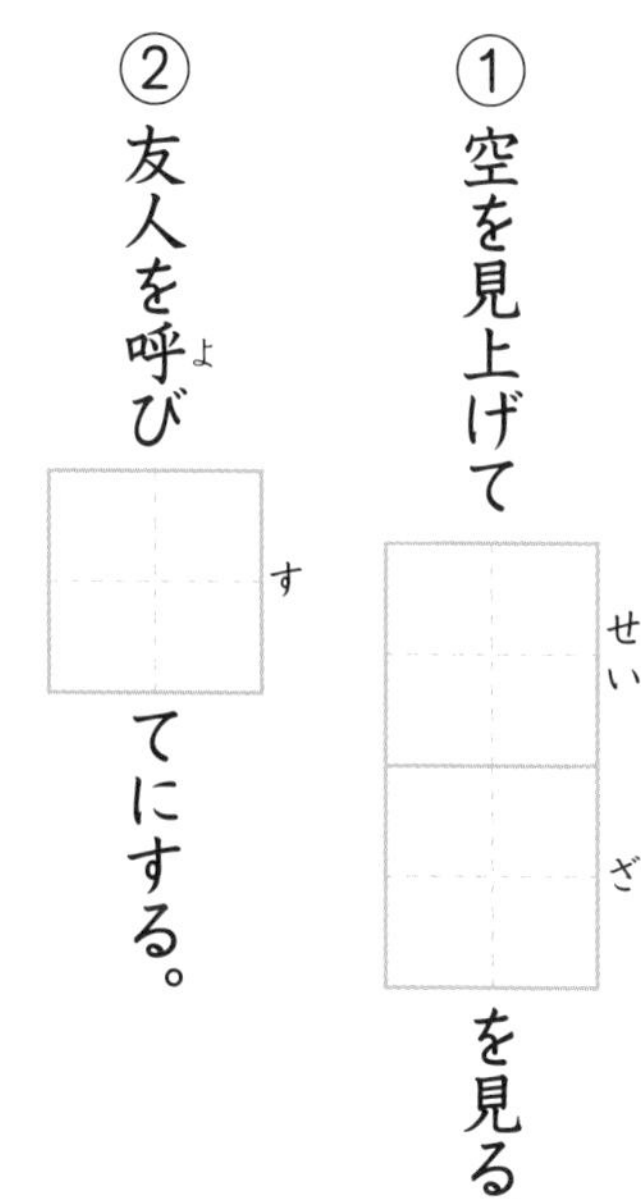

① 空を見上げて □□（せいざ） を見る。

② 友人を呼（よ）び □（す） てにする。

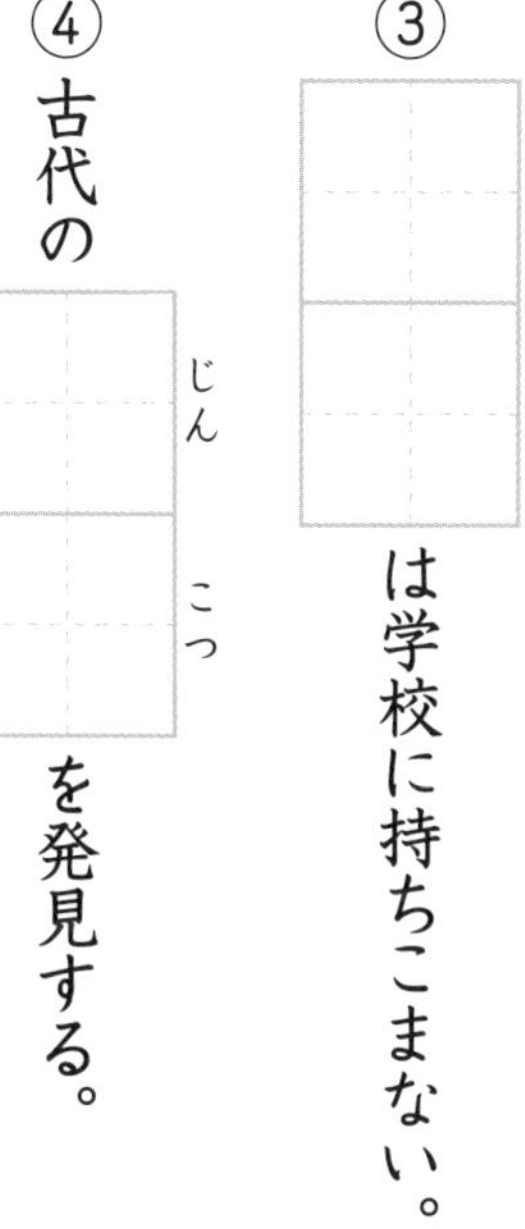

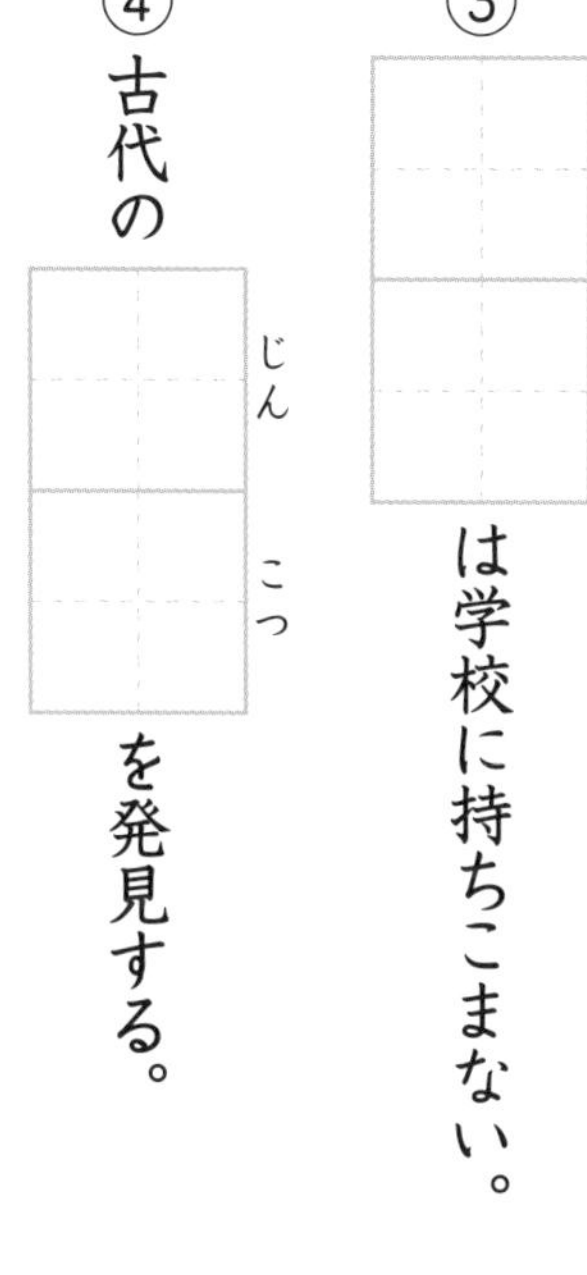

③ □□（しぶつ） は学校に持ちこまない。

④ 古代の □□（じんこつ） を発見する。

⑤ 月に向けてロケットを □□（はっしゃ） する。

⑥ 土足で上がるのは □□（げんきん） だ。

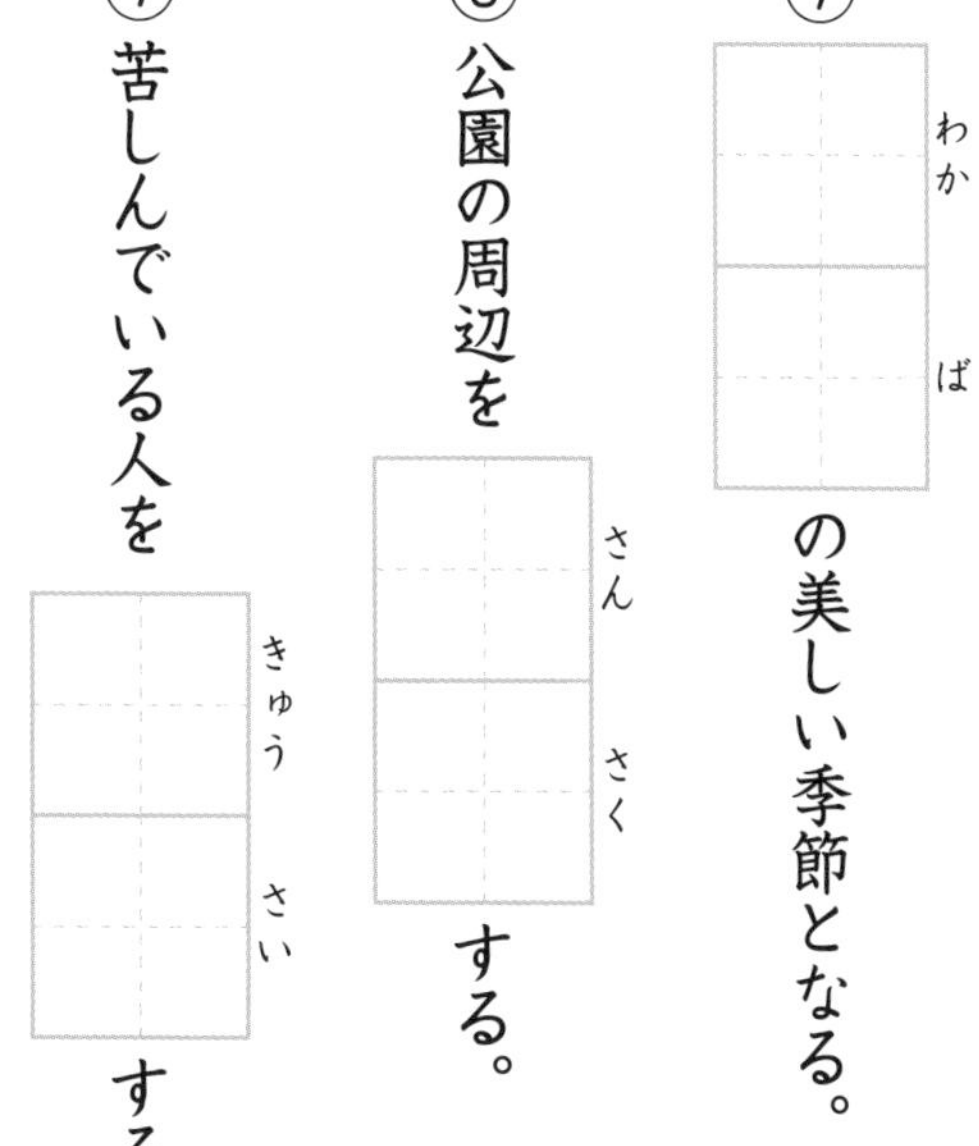

⑦ □□（わかば） の美しい季節となる。

⑧ 公園の周辺を □□（さんさく） する。

⑨ 苦しんでいる人を □□（きゅうさい） する。

⑩ 有名な □□□（さくしか） の歌。

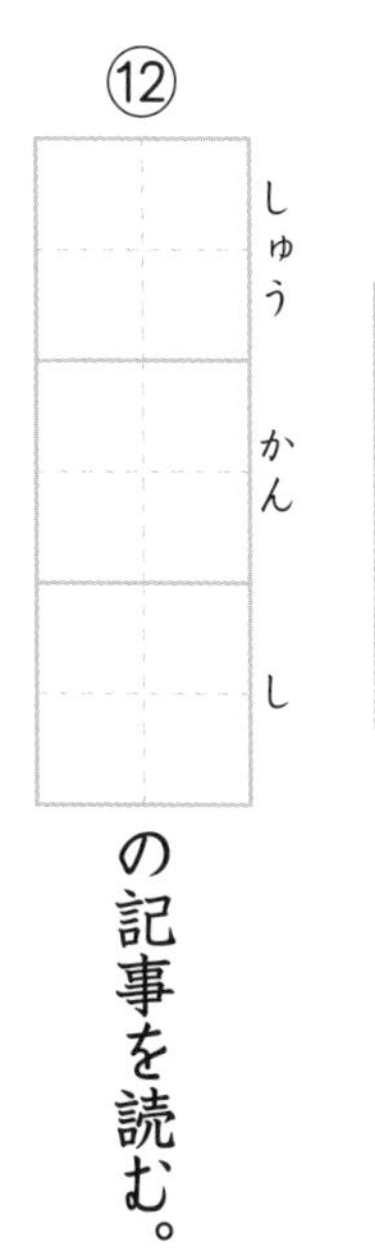

⑪ 本に □□（べっさつ） として付録がつく。

⑫ □□□（しゅうかんし） の記事を読む。

収

おん シュウ

くん おさ-める・おさ-まる

部首 又（また）

画数 4画

注意点

・修める…学業を修める。

・治める…国を治める。

・納める…品物を納める。税を納める。

・収める…たなに収める。勝利を収める。

宗

おん シュウ・（ソウ）

くん ——

部首 宀（うかんむり）

画数 8画

成り立ち

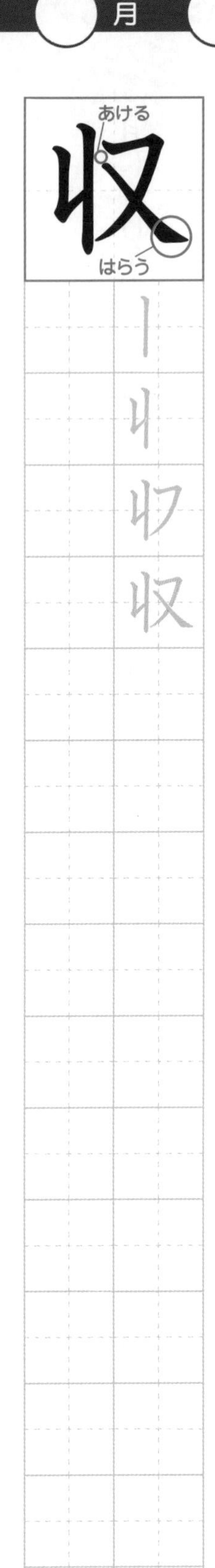

家の中に祭だんを置く様子を表した字。

就

おん シュウ・（ジュ）

くん （つ-く）・（つ-ける）

部首 尢（だいのまげあし）

画数 12画

注意点

部首が「尢（だいのまげあし）」であることに注意する。

衆

おん　シュウ・（シュ）
くん　―

部首　血（ち）
画数　12画

書き順に注意

意味
ある所にいっしょにいる多くの人々の意味から、「おおい」意味を表す。

従

おん　ジュウ・（ショウ）・（ジュ）
くん　したが-う・したが-える

部首　彳（ぎょうにんべん）
画数　10画

彳としない
⺍としない

注意点
「徒」と形が似ているので注意する。

使い方を覚えよう

①～⑤の赤字の読みを送りがなもふくめて（　）に、⑥～⑦の書きを□に、それぞれ書きなさい。

①成功を収める。（　）
②宗教の教え。（　）
③会社に就職する。（　）
④観衆がどよめく。（　）
⑤命令に従う。（　）
⑥□□（しゅうにゅう）が増える。
⑦農業に□□（じゅうじ）する。

答え
①おさめる　②しゅうきょう　③しゅうしょく　④かんしゅう　⑤したがう　⑥収入　⑦従事

サ

縦

としない　とめる

おん　ジュウ

くん　たて

部首　糸（いとへん）

画数　16画

注意点

「従」と形が似ているので注意する。

・縦…たて

・従…したが-う

縮

まっすぐ下につける　とめる

おん　シュク

くん　ちぢ-む・ちぢ-まる・ちぢ-める・ちぢ-れる・ちぢ-らす

部首　糸（いとへん）

画数　17画

成り立ち

「糸」に、ちぢまる意味と音を表す「宿」を合わせた字。糸や布地が「ちぢむ」意味を表す。

熟

はねる　左はしの点だけななめ左下の方向に

おん　ジュク

くん　（う-れる）

部首　灬（れっか・れんが）

画数　15画

注意点

同じ音で形の似ている「塾（ジュク）」に注意する。

・熟…熟語　半熟

・塾…学習塾

純

おん　ジュン
くん　—
部首　糸（いとへん）
画数　10画

つき出す
とめる

く　幺　幺　糸　糸　糸　糸　紀　紅　純

成り立ち
「糸」に、音を表す「屯」を合わせた字。まじりものがない生糸（きいと）の意味を表し、「まじりけがない」意味に用いる。

処

おん　ショ
くん　—
部首　几（つくえ・きにょう）
画数　5画

はねる

ノ　ク　夂　夂　処

成り立ち
こしかけの意味の「几」と足をおく意味の「夂」とで、足をとめてこしかけている意味から、「いる」「とどまる」「ところ」の意味を表す。

使い方を覚えよう

①〜⑤の赤字の読みを送りがなもふくめて（　）に、⑥〜⑦の書きを□に、それぞれ書きなさい。

①台風が縦断する。（　）
②差が縮まる。（　）
③事情を熟知する。（　）
④単純な問題。（　）
⑤適切に対処する。（　）
⑥時間を□□（たんしゅく）する。
⑦□□（しょぶん）を下す。

答え
①じゅうだん　②ちぢまる　③じゅくち　④たんじゅん　⑤たいしょ　⑥短縮　⑦処分

サ

署

はっきり出す
目としない

おん　ショ
くん　——

部首　罒（あみがしら・あみめ）
画数　13画

注意点

「暑」と形が似ているので注意する。
・署…役割（やくわり）。役所。「警察署（けいさつしょ）」
・暑…あつい。温度が高い。「暑中」

諸

はっきり出す
点の向きに注意

おん　ショ
くん　——

部首　言（ごんべん）
画数　15画

成り立ち

「言」に、多い意味と音（おん）を表す「者」を合わせた字。口数が多い意味を表し、「多い、もろもろ」の意味に用いる。

除

出さない
とめる

おん　ジョ・（ジ）
くん　のぞ-く

部首　阝（こざとへん）
画数　10画

注意点

書くときは、「余」を「余」「余」としないように注意する。

承

おん　ショウ
くん　（うけたまわ-る）

部首　手（て）
画数　8画

意味
ささげ持つ意味が転じて、「うける」「うけたまわる」意味を表す。

承
ややカみをつけてはねる

将

おん　ショウ
くん　——

部首　寸（すん）
画数　10画

意味
「ひきいる」「ひきいる人」の意味に用いる。

将
とめない
はねる

使い方を覚えよう

①〜⑤の赤字の読みを送りがなもふくめて（　）に、⑥〜⑦の書きを□に、それぞれ書きなさい。

①消防署に勤（つと）める。（　）
②諸国を訪（たず）ねる。（　）
③不安を取り除く。（　）
④用件を承知する。（　）
⑤将来の夢。（　）

⑥しょめい□□を集める。
⑦よごれをじょきょ□□する。

答え
①しょうぼうしょ　②しょこく　③のぞく　④しょうち　⑤しょうらい　⑥署名　⑦除去

サ

傷

おん　ショウ
くん　きず・(いた-む)・(いた-める)

部首　亻(にんべん)
画数　13画

易としない

意味
「きず」「きずつける」意味、また「やぶる」「いたむ」意味を表す。

障

おん　ショウ
くん　(さわ-る)

部首　阝(こざとへん)
画数　14画

まっすぐ下につける

了 阝 阝' 阝 陪 陪 陪 陪 陪 陪 障 障 障

意味
敵(てき)をさえぎる土かべを表した字で、「へだてる」意味を表す。転じて、「さわる」意味に用いる。

蒸

おん　ジョウ
くん　(む-す)・(む-れる)・(む-らす)

部首　艹(くさかんむり・そうこう)
画数　13画

左はしの点だけななめ左下の方向に
わすれずに

一 十 艹 艹 芏 芽 茅 莱 莱 莱 蒸 蒸 蒸

成り立ち
「艹」と、火気がのぼる意味と音(おん)を表す「烝」とで、たき木に用いる草を表し、「むす」意味に用いる。

針

おん　シン
くん　はり

部首　金（かねへん）
画数　10画

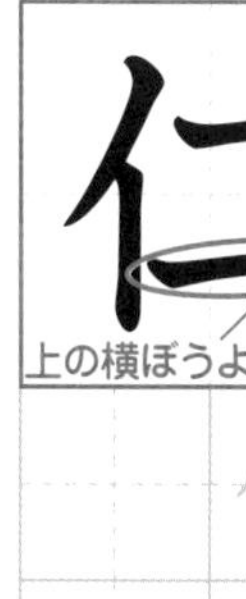

ノ　人　亼　亼　今　伞　余　金　釒　針

注意点
書くときは、「十」を「寸」「刂」としないように注意する。

仁

おん　ジン・（ニ）
くん　——

部首　亻（にんべん）
画数　4画

上の横ぼうより長く

ノ　亻　仁　仁

意味
人と人が親しむ意味を表した字で、「いつくしみ・人間性」の意味に用いる。

使い方を覚えよう

①～⑤の赤字の読みを送りがなもふくめて（　）に、⑥～⑦の書きを□に、それぞれ書きなさい。

①感傷的になる。（　　）
②障子を開ける。（　　）
③蒸気機関車（　　）
④針と糸。（　　）
⑤仁愛の精神。（　　）

⑥ □□（きず ぐち）を消毒する。
⑦今後の □□（ほう しん）を示す。

答え
①かんしょうてき
②しょうじ
③じょうき
④はり
⑤じんあい
⑥傷口
⑦方針

サ

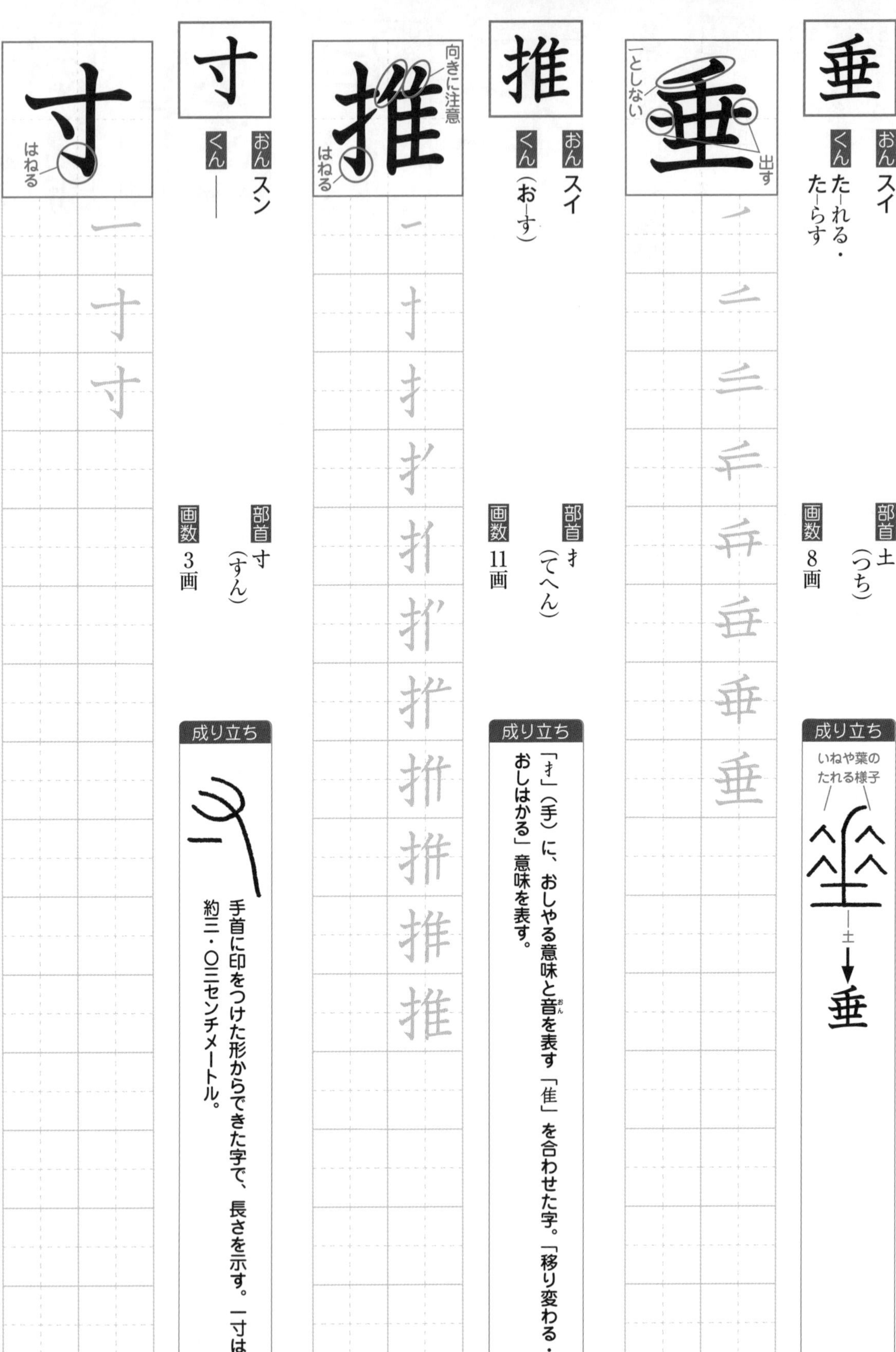

垂

おん　スイ
くん　た-れる・た-らす
部首　土（つち）
画数　8画

成り立ち

推

おん　スイ
くん　（お-す）
部首　扌（てへん）
画数　11画

成り立ち
「扌」（手）に、おしやる意味と音を表す「隹」を合わせた字。「移り変わる・おしはかる」意味を表す。

寸

おん　スン
くん　——
部首　寸（すん）
画数　3画

成り立ち
手首に印をつけた形からできた字で、長さを示す。一寸は約三・〇三センチメートル。

盛

おん（セイ）・（ジョウ）
くん も-る・（さか-る）・（さか-ん）

部首 皿（さら）
画数 11画

（点をわすれずに）（上へはねる）

意味
器にもり上げた供え物を表した字で、「もる」「さかん」の意味を表す。

聖

おん セイ
くん ―

部首 耳（みみ）
画数 13画

（長く）

意味
耳がよく通って神の声を聞くことのできる人の意味から、聖人（知徳のすぐれた人）の意味に用いる。

使い方を覚えよう

①～⑤の赤字の読みを送りがなもふくめて（　）に、⑥～⑦の書きを□に、それぞれ書きなさい。

①垂直な線を引く。（　）
②計画を推進する。（　）
③寸法を測る。（　）
④皿に盛る。（　）
⑤聖書を読む。（　）
⑥つり糸を□（た）らす。
⑦□（せい）なる夜。

答え
①すいちょく ②すいしん ③すんぽう ④もる ⑤せいしょ ⑥垂 ⑦聖

サ

誠

おん セイ
くん （まこと）

部首 言（ごんべん）
画数 13画

点をわすれずに
はねる

注意点
「試」と形が似ているので注意する。「成」は音読みの「セイ」を表す。

舌

おん （ゼツ）
くん した

部首 舌（した）
画数 6画

千としない

成り立ち 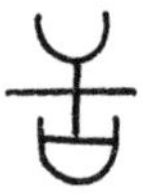
口から舌を出した様子からできた字。

宣

おん セン
くん ――

部首 宀（うかんむり）
画数 9画

且としない
わすれずに
上の横ぼうより長く

注意点
書くときは、「亘」を「且」としないように注意する。

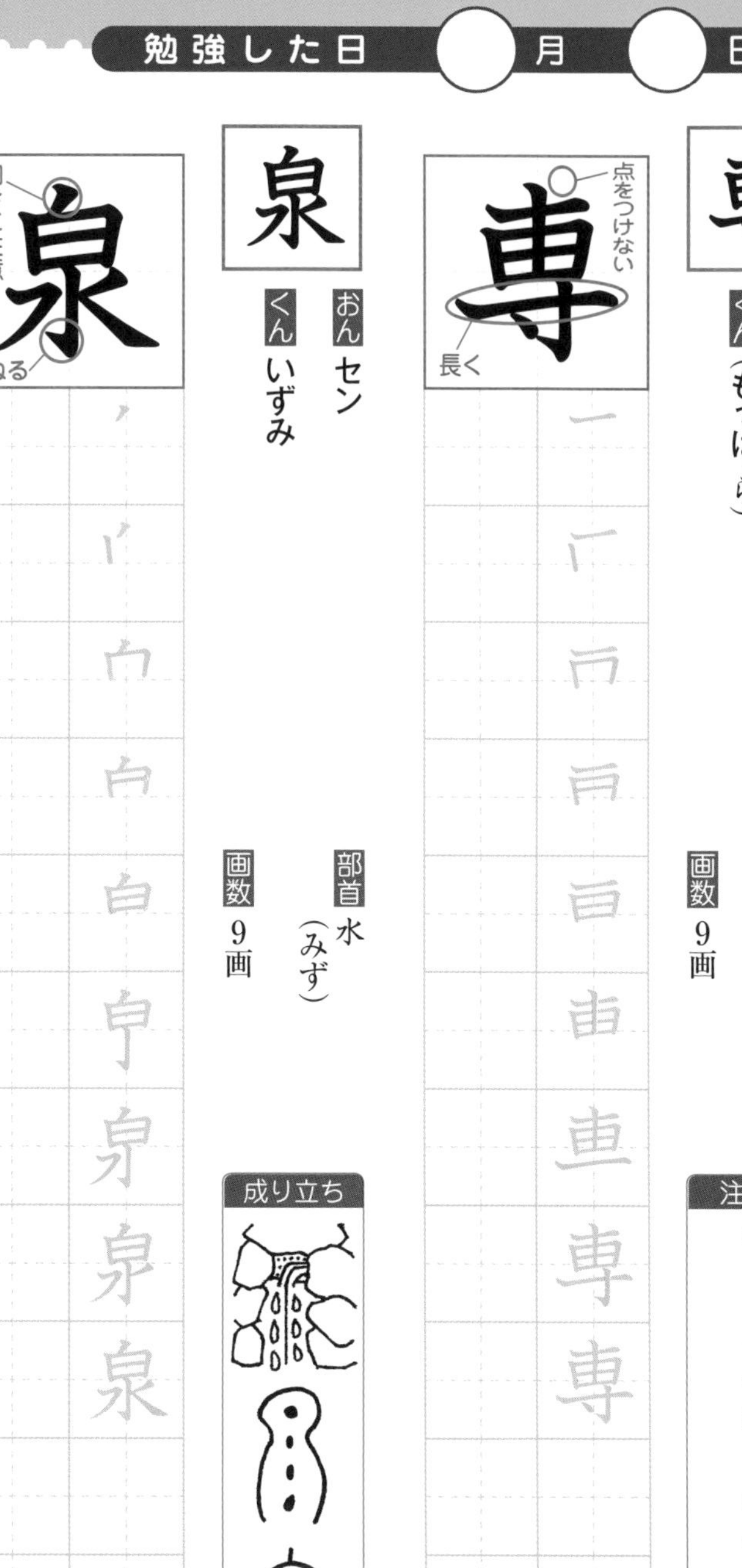

注意点
書くときは、「専」と、右上に「丶」をつけないように注意する。

成り立ち
岩石の間から水がしたたり落ちる様子を表した字。

使い方を覚えよう

①〜⑤の赤字の読みを送りがなもふくめて（　）に、⑥〜⑦の書きを□に、それぞれ書きなさい。

①誠実な人がら。（　　）
②舌を出す。（　　）
③開会を宣言する。（　　）
④専門の先生。（　　）
⑤温泉に入る。（　　）

⑥ □（いずみ）がわく。
⑦勉学に□□（せんねん）する。

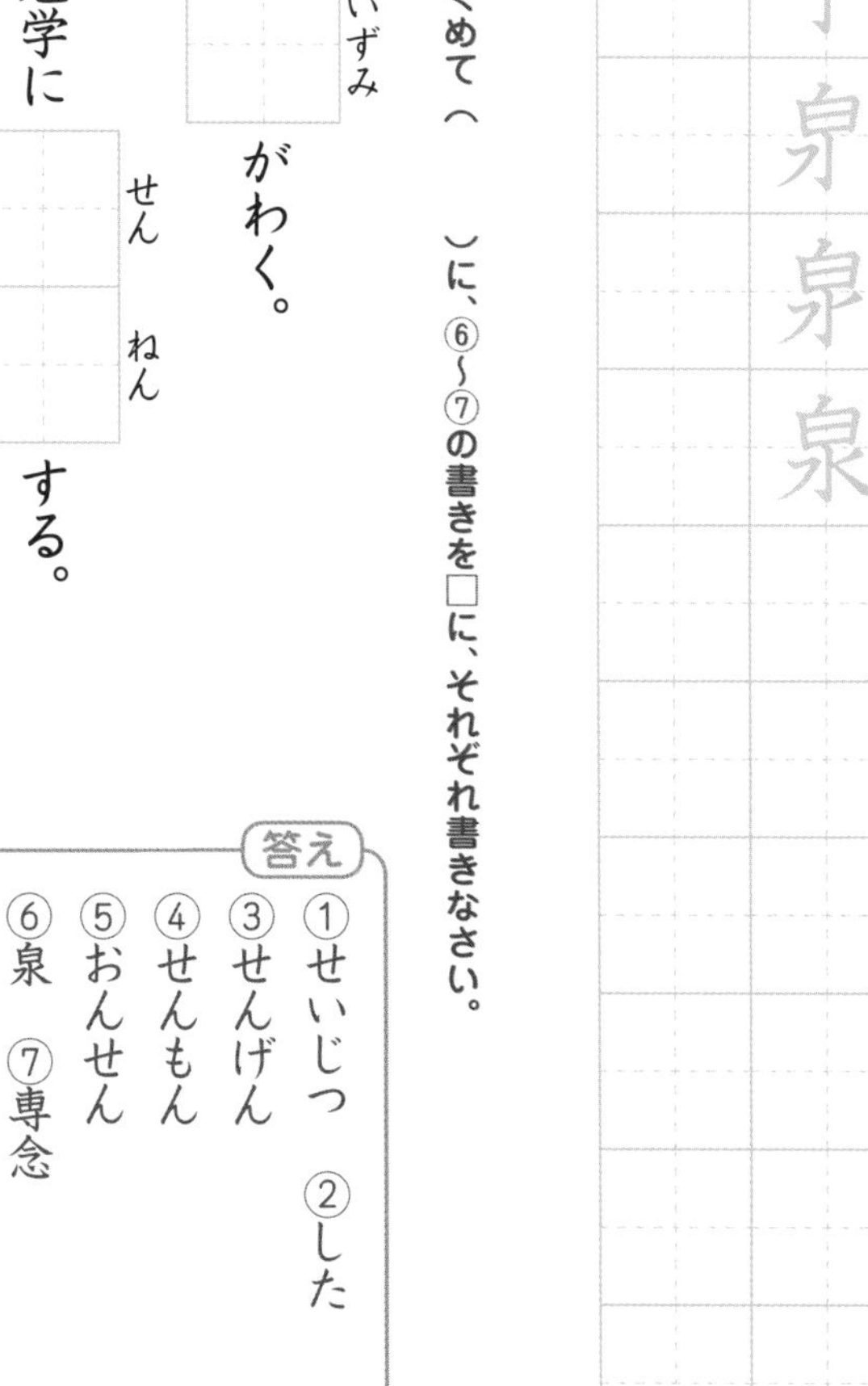

答え
①せいじつ　②した　③せんげん　④せんもん　⑤おんせん　⑥泉　⑦専念

サ

洗

おん セン

くん あら-う

部首 氵（さんずい）

画数 9画

角をつけずに曲げて上にはねる

筆順：氵 氵 氵 氵 汁 汫 泩 洸 洗

成り立ち

「氵」（水）に、素足の意味と音を表す「先」を合わせた字。広く「あらう」意味を表す。

染

おん （セン）

くん そ-める・そ-まる・（し-みる）・（し-み）

部首 木（き）

画数 9画

丸としない

とめる

筆順：氵 氵 氵 氿 氿 氿 氿 染 染

成り立ち

「木」に、しるがしみ出る意味の「氿」を合わせた字。草木から取る染料の意味から、「そめる」意味に用いる。

銭

おん セン

くん （ぜに）

部首 金（かねへん）

画数 14画

筆順：ノ 𠆢 𠆢 𠆢 全 牟 余 金 金 釒 釒 銭 銭 銭

注意点

「浅」と形が似ているので注意する。もともと金属をうすくけずった農具の意味なので、「金（かねへん）」。

善

おん　ゼン
くん　よ-い

部首　口（くち）
画数　12画

つき出す

善 (stroke order: 、 丷 䒑 兰 兰 羊 羊 羊 盖 善 善 善)

注意点
「善」「良」の使い分けに注意する。
・善…道徳的に正しい。「善い行い」。
・良…すぐれている。「品質が良い」。

奏

おん　ソウ
くん　（かな-でる）

部首　大（だい）
画数　9画

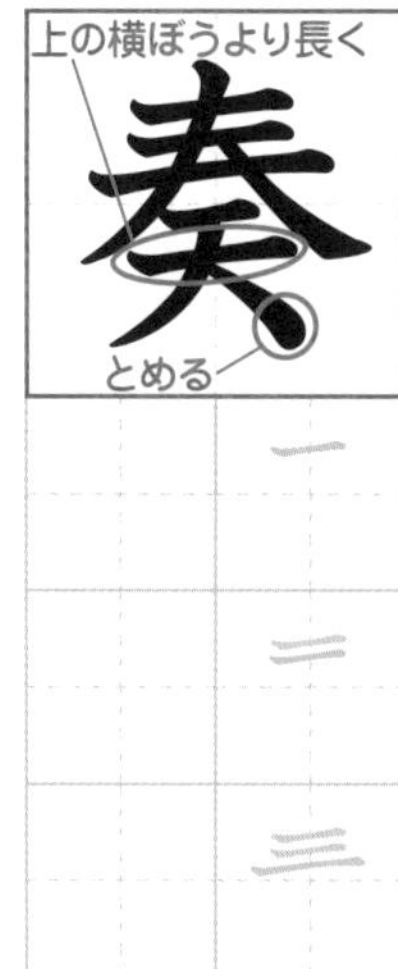

奏 (stroke order: 一 二 三 夫 夫 𡗗 𡘙 奏 奏)

注意点
書くときは、「夭」を「天」としないように注意する。

使い方を覚えよう

①～⑤の赤字の読みを送りがなもふくめて（　）に、⑥～⑦の書きを□に、それぞれ書きなさい。

①タオルを洗う。（　　）
②夕日に染まる。（　　）
③銭湯に行く。（　　）
④最善をつくす。（　　）
⑤楽器を演奏する。（　　）
⑥□□（せんれん）された技術。
⑦人助けは□（よ）い行いだ。

答え
①あらう　②そまる
③せんとう
④さいぜん
⑤えんそう
⑥洗練　⑦善

サ

窓

おん　ソウ
くん　まど

曲げてとめる
はねる

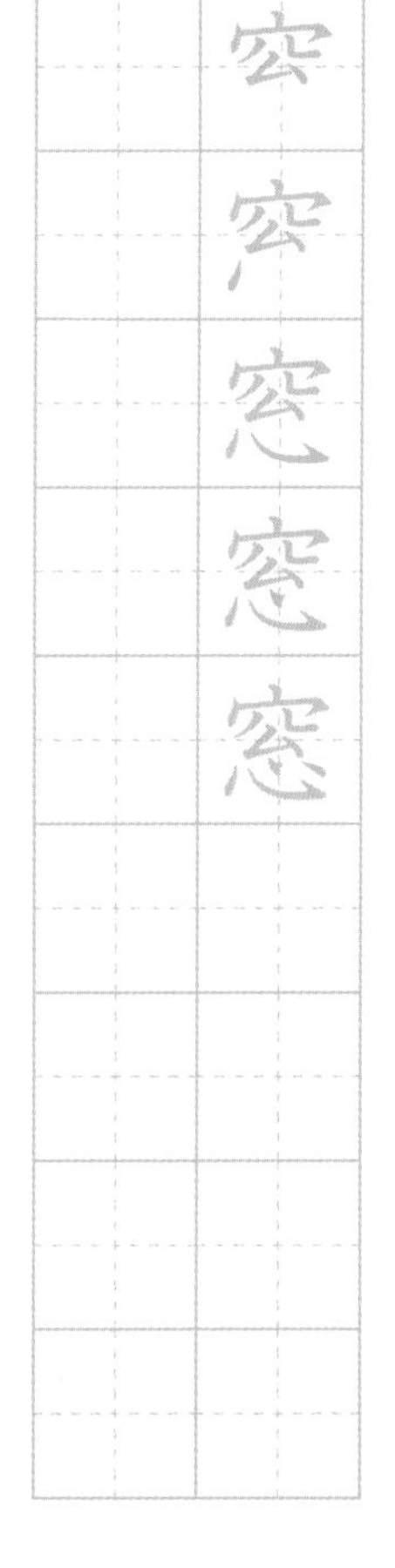

部首　穴（あなかんむり）
画数　11画

注意点
部首が「穴（あなかんむり）」であることに注意する。

創

おん　ソウ
くん　つく-る

とめる
はねる

部首　刂（りっとう）
画数　12画

注意点
使い方に注意する。
・創造…初めてつくりだす。
・想像…心の中に思いうかべる。

装

おん　ソウ・（ショウ）
くん　（よそお-う）

土としない
はねる

部首　衣（ころも）
画数　12画

成り立ち
「衣」に、しまいこむ意味と音を表す「壮」を合わせた字。衣服でつつむ意味を表し、「よそおう」意味に用いる。

層

おん　ソウ
くん　―
部首　尸（しかばね・しかばねかんむり）
画数　14画

成り立ち
「尸」はやね、「曽」は重なる様子。何階にも重なった家を表した字で、「かさなる」意味を表す。

ハとしない
軽くはらう

操

おん　ソウ
くん　（みさお）・（あやつ-る）
部首　扌（てへん）
画数　16画

成り立ち
「扌」（手）に、たぐる意味と音を表す「喿」を合わせた字。自由に「あやつる」意味を表す。

使い方を覚えよう

①〜⑤の赤字の読みを送りがなもふくめて（　）に、⑥〜⑦の書きを□に、それぞれ書きなさい。

①窓を開ける。（　）
②庭園を創る。（　）
③服装を整える。（　）
④古い地層。（　）
⑤機械を操作する。（　）

⑥ □□（しゃそう）からのながめ。
⑦物語を□□（そうさく）する。

答え
①まど　②つくる
③ふくそう
④ちそう
⑤そうさ
⑥車窓　⑦創作

復習ドリル③

1 ――部の漢字の読みがなを書きましょう。（1問4点／10問）

①チームの主将（　）として優勝（ゆうしょう）にこうけんする。

②お客さまに誠意（　）をこめて対応する。

③トラブルの原因について諸説（　）が乱（みだ）れとぶ。

④従来（　）のやり方を見直す。

⑤縦書（　）きのノートを使う。

⑥組織を縮小（　）して経費をけずる。

⑦自社の商品の宣伝（　）をする。

⑧階段（かいだん）から落ちたが、軽傷（　）で済（す）んだ。

⑨液体から不純物（　）を取り除（のぞ）く。

⑩除夜（　）のかねが鳴る。

答え→94ページ

点

2 次の□の中に漢字を入れましょう。（1問5点／12問）

① □□（みん しゅう）の力で社会を変える。

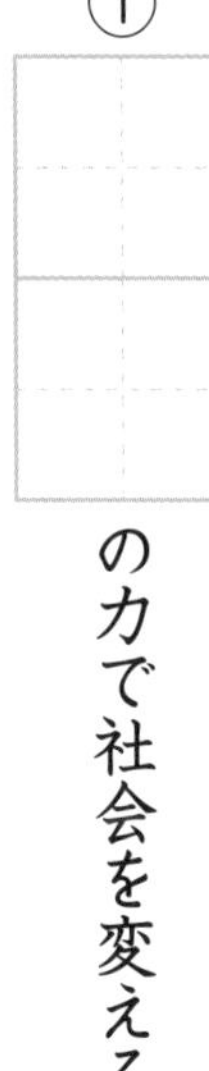

② オリンピックの□□（せい か）リレー。

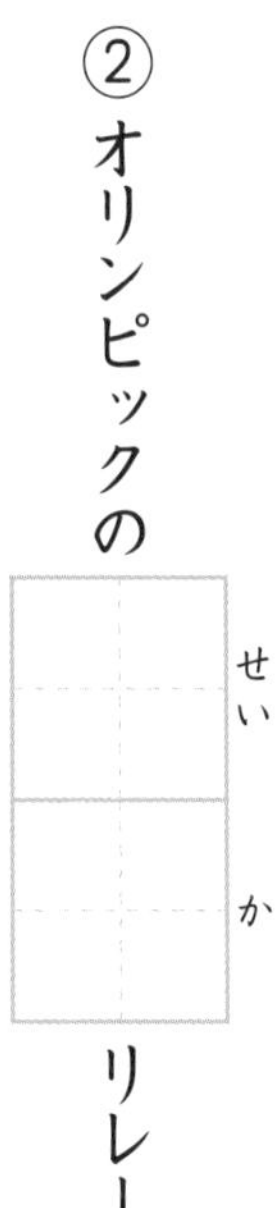

③ 自動車のエンジンが□□（こ しょう）する。

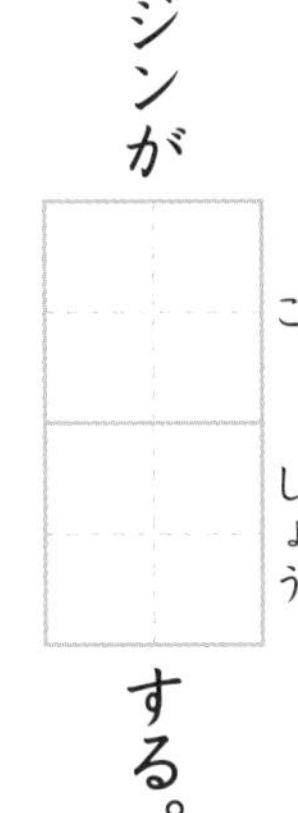

④ 職人の□□（じゅく れん）のわざを生かす。

⑤ 自分□□（せん よう）の自転車。

⑥ 家庭から出たごみを□□（しょ り）する。

⑦ □□（すい り）小説の犯人を当てる。

⑧ 庭の池の水が□□（じょう はつ）する。

⑨ 出かける□□（すん ぜん）に電話が鳴った。

⑩ 書類に□□（しょ めい）する。

⑪ 時計の□□（たん しん）が「2」を指す。

⑫ □□（やま も）りのご飯を食べる。

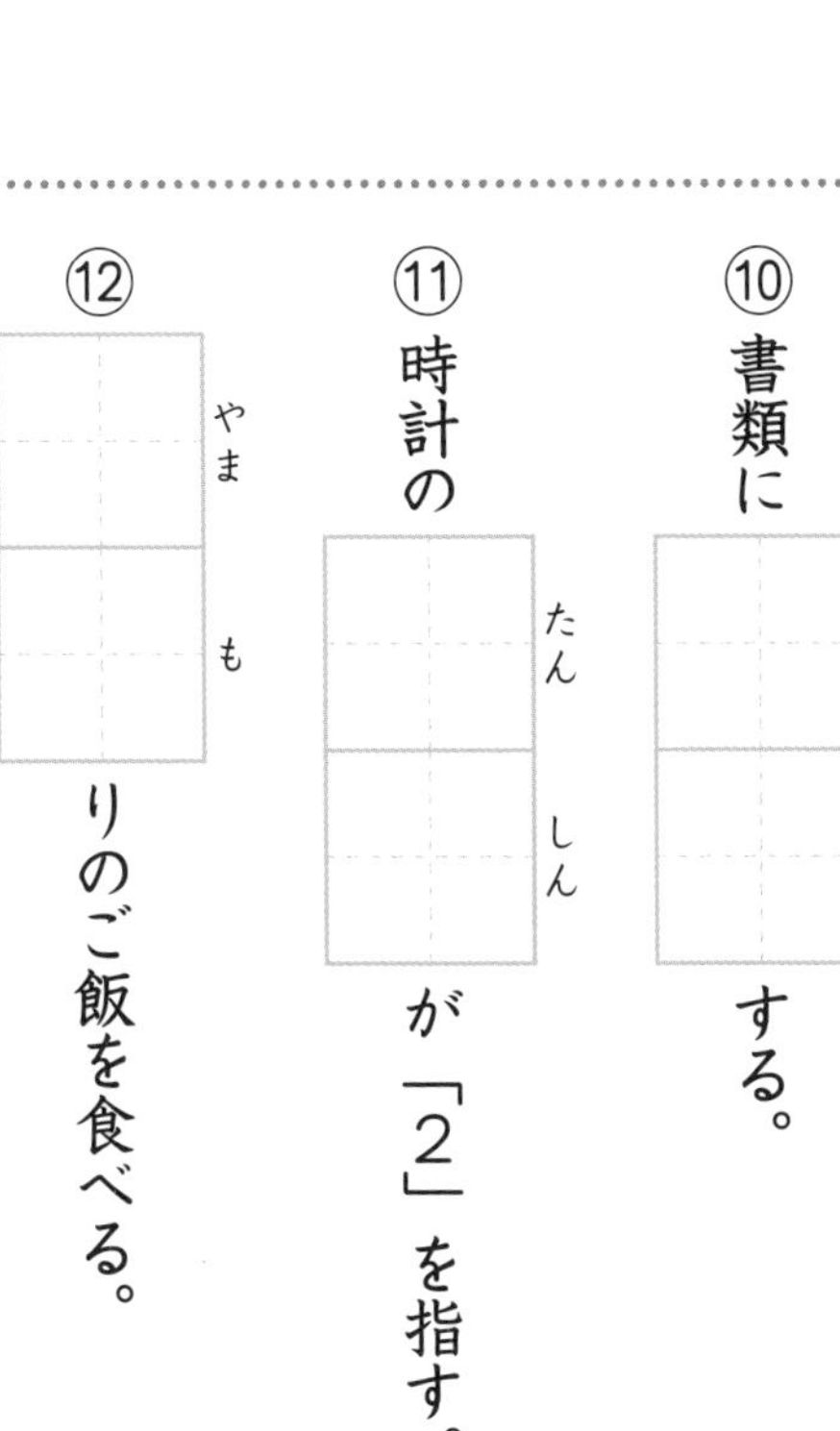

蔵

おん　ゾウ
くん　（くら）

部首　艹（くさかんむり・そうこう）
画数　15画

点をわすれずに
軽くはらう

一 十 廾 芦 芦 芹 芹 芹 萨 蔵 蔵 蔵 蔵 蔵 蔵

意味
草でおおいかくす意味から、「かくす」「おさめる」「くら」の意味を表す。

臓

おん　ゾウ
くん　―

部首　月（にくづき）
画数　19画

点をわすれずに
はねる

注意点
「蔵」と形が似ているので注意する。体の中におさめられている器官の意味だから、部首は「月（にくづき）」。

存

おん　ソン・ゾン
くん　―

部首　子（こ）
画数　6画

少し出す
はねる

一 ナ ナ 在 存 存

意味
子をいたわり養う意味を表した字で、「たもつ」「ある」意味に用いる。

尊

おん　ソン
くん　たっと-い・とうと-い・たっと-ぶ・とうと-ぶ
部首　寸（すん）
画数　12画

成り立ち 
両手で酒つぼを神にささげる様子を表した字。

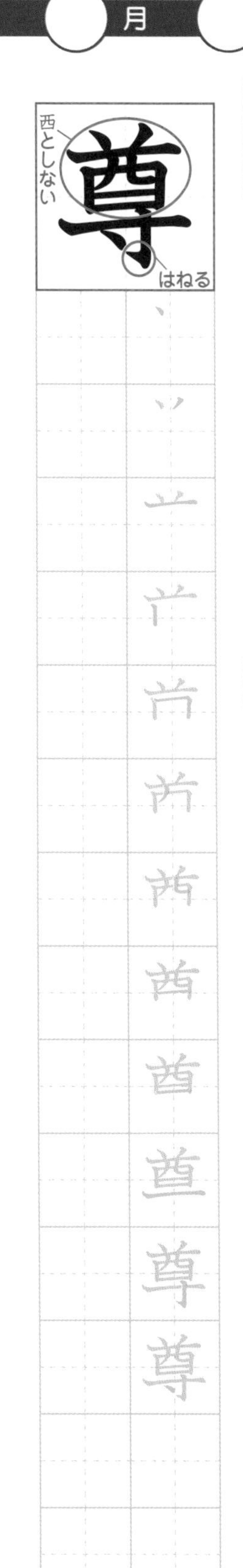

退

おん　タイ
くん　しりぞ-く・しりぞ-ける
部首　辶（しんにょう・しんにゅう）
画数　9画

意味
日がしずむことを表した字で、「しりぞく」意味に用いる。

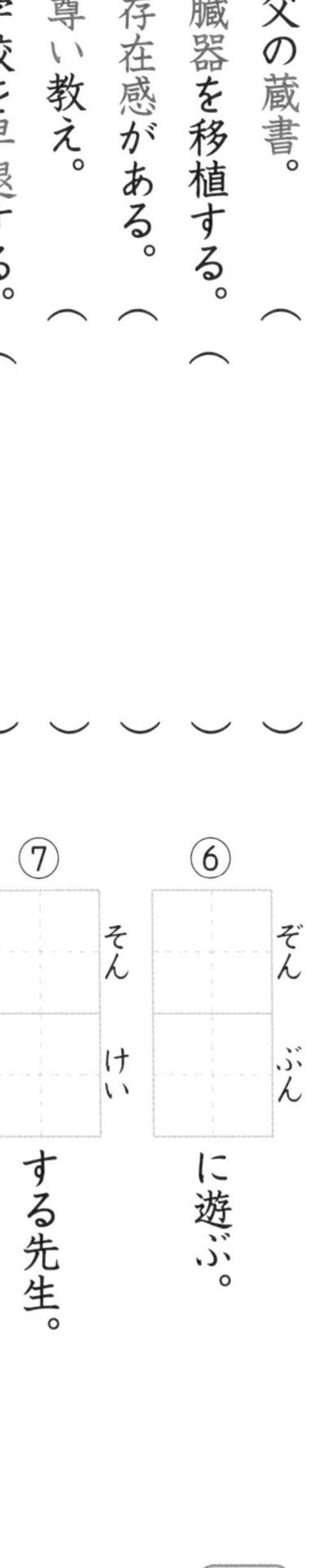

使い方を覚えよう

①～⑤の赤字の読みを送りがなもふくめて（　）に、⑥～⑦の書きを□に、それぞれ書きなさい。

①父の蔵書。（　）
②臓器を移植する。（　）
③存在感がある。（　）
④尊い教え。（　）
⑤学校を早退する。（　）

⑥ □□（ぞんぶん）に遊ぶ。
⑦ □□（そんけい）する先生。

答え
①ぞうしょ　②ぞうき
③そんざいかん
④とうとい（たっとい）
⑤そうたい
⑥存分　⑦尊敬

サ　タ

宅

おん　タク
くん　―

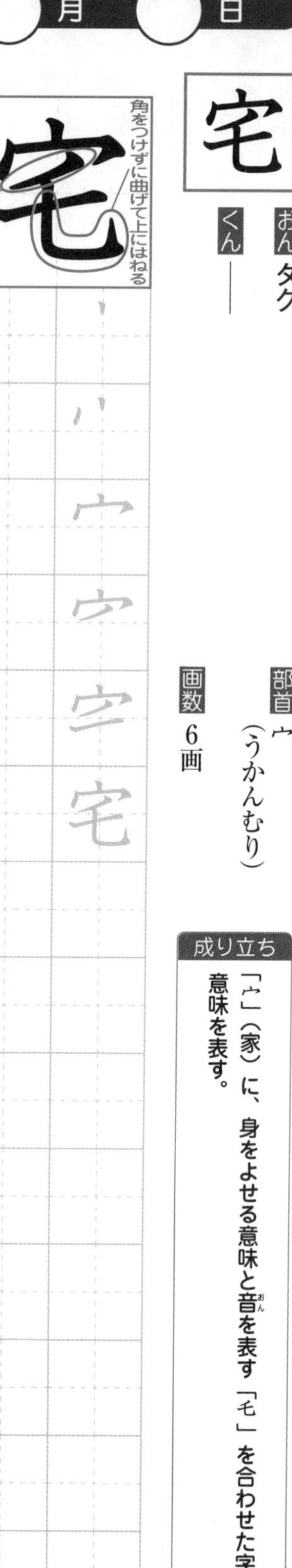

部首　宀（うかんむり）
画数　6画

成り立ち
「宀」（家）に、身をよせる意味と音（おん）を表す「乇」を合わせた字。「すまい」の意味を表す。

担

おん　タン
くん　（かつ-ぐ）・（にな-う）

且としない
はねる

部首　扌（てへん）
画数　8画

注意点
書くときは、「旦」を「且」「亘」としないように注意する。

探

おん　タン
くん　（さぐ-る）・さが-す

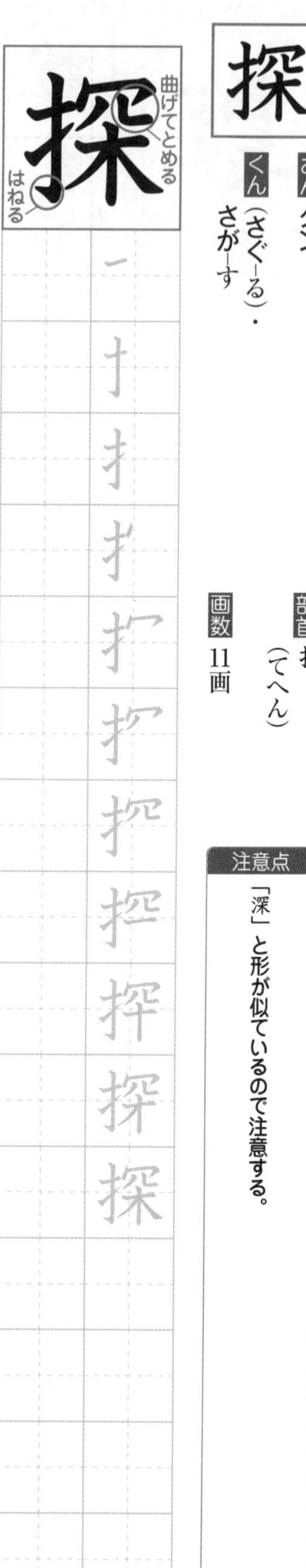

部首　扌（てへん）
画数　11画

注意点
「深」と形が似ているので注意する。

誕

おん　タン
くん　―

部首　言（ごんべん）
画数　15画

意味
「うまれる」意味に用いる。書くときは、「延」を「廷」としないように注意する。

点の向きに注意
正としない

段

おん　ダン
くん　―

部首　殳（ほこづくり・るまた）
画数　9画

注意点
書くときは、「𠂤」の横棒（よこぼう）の数に注意する。一番下の横棒のみ左側に出す。

くっつけない
出す

使い方を覚えよう。

①〜⑤の赤字の読みを送りがなもふくめて（　）に、⑥〜⑦の書きを□に、それぞれ書きなさい。

①早めに帰宅する。（　　）
②担任の先生。（　　）
③島を探検する。（　　）
④生命の誕生。（　　）
⑤階段を上がる。（　　）
⑥仕事を□（さが）す。
⑦□□（だんさ）につまずく。

答え
①きたく　②たんにん
③たんけん
④たんじょう
⑤かいだん
⑥探　⑦段差

暖

おん　ダン
くん　あたた-か・あたた-かい・あたた-まる・あたた-める

部首　日（ひへん・にちへん）
画数　13画

ソとしない
目としない

注意点
送りがなに注意する。
×暖い　暖る　暖ためる
○暖かい　暖まる　暖める

値

おん　チ
くん　ね・（あたい）

部首　亻（にんべん）
画数　10画

おさえてから右へ

意味
人が出あう、人物が相当する意味を表した字で、相当する「あたい」の意味に用いる。

宙

おん　チュウ
くん　——

部首　宀（うかんむり）
画数　8画

まっすぐ下につける
出す

成り立ち
「宀」（やね）に、ゆきわたる意味と音を表す「由」を合わせた字。「大空・空間」の意味を表す。

忠

おん　チュウ
くん　—

部首　心（こころ）
画数　8画

成り立ち
「心」に、じゅうじつする意味と音を表す「中」を合わせた字。「心をこめてする」「まごころ」の意味を表す。

著

おん　チョ
くん　（あらわ-す）・（いちじる-しい）

部首　艹（くさかんむり・そうこう）
画数　11画

意味
「つける」「あらわれる」意味に用いる。

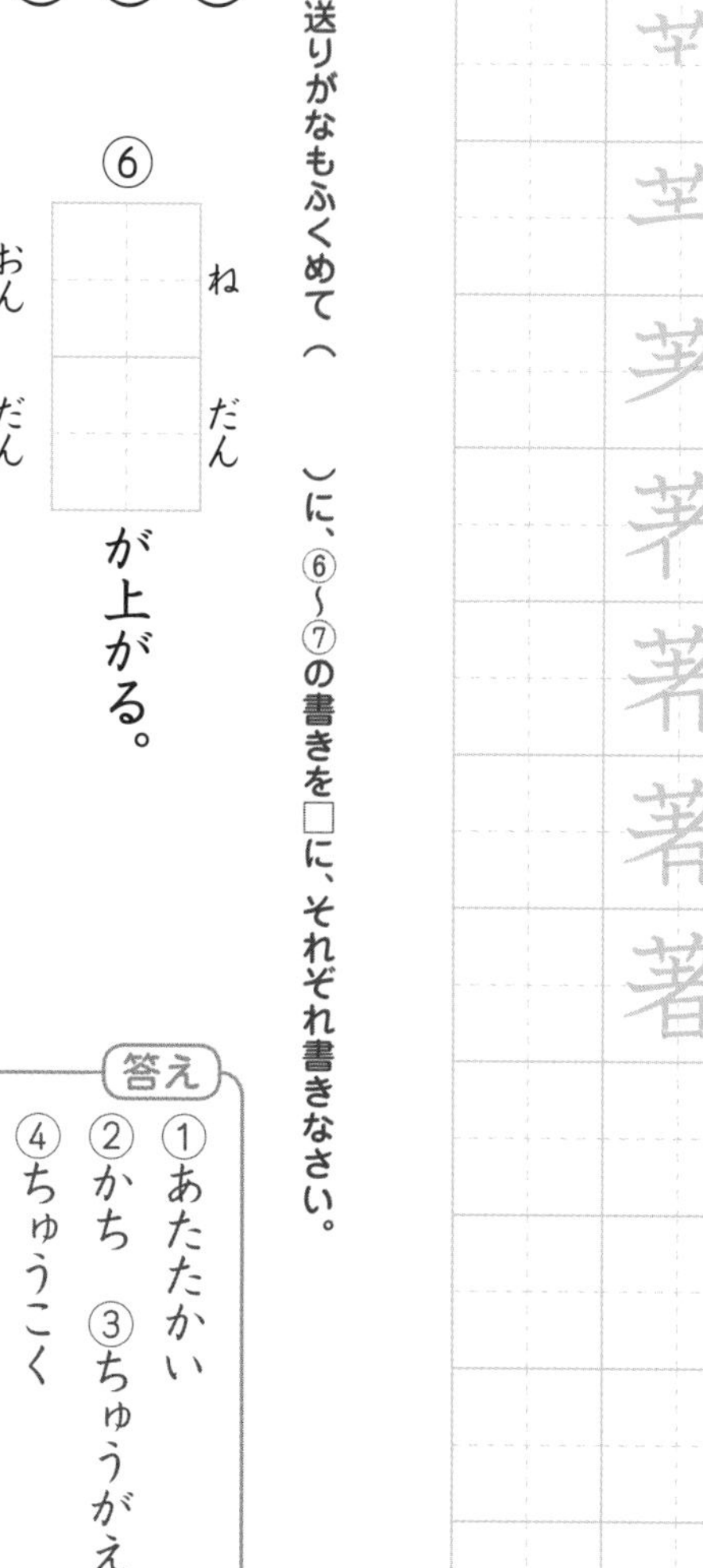

使い方を覚えよう

①〜⑤の赤字の読みを送りがなもふくめて（　）に、⑥〜⑦の書きを□に、それぞれ書きなさい。

①暖かい部屋。（　　）
②価値のある絵画。（　　）
③宙返りをする。（　　）
④忠告をする。（　　）
⑤著名な作家。（　　）

⑥ □□（ねだん）が上がる。
⑦ □□（おんだん）な気候。

答え
①あたたかい　②かち　③ちゅうがえり　④ちゅうこく　⑤ちょめい　⑥値段　⑦温暖

庁

おん　チョウ
くん　――
部首　广（まだれ）
画数　5画

つき出さない
はねる

注意点
「序」と形が似ているので注意する。
・庁…役所。「官庁」
・序…順番。はじめ。「順序・序文」

頂

おん　チョウ
くん　いただ-く・いただき
部首　頁（おおがい）
画数　11画

まっすぐおろしてはねる
とめる

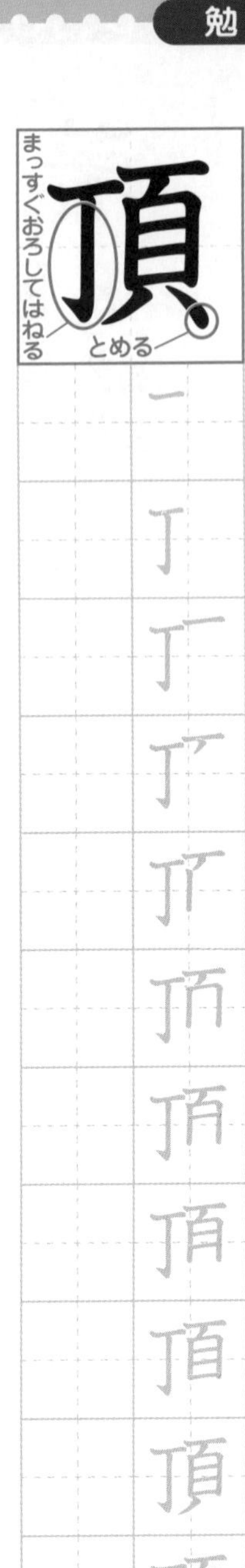

意味
頭のてっぺん、「いただき」の意味を表す。

腸

おん　チョウ
くん　――
部首　月（にくづき）
画数　13画

はねる
はねる

成り立ち
臓器（ぞうき）を表す「月（にくづき）」に、長くのびる意味と音（おん）を表す「昜」を合わせた字。「長くのびた臓器」の意味を表す。

潮

おん　チョウ
くん　しお

部首　氵（さんずい）
画数　15画

注意点
使い方に注意する。
・潮…潮風（しおかぜ）　満ち潮（しお）
・塩…塩味　塩水

はねる

賃

おん　チン
くん　―

部首　貝（かい）
画数　13画

成り立ち
「貝」に、まかせる意味と音を表す「任」を合わせた字。まかせた仕事に対して支はらうお金の意味を表す。

王としない
とめる

使い方を覚えよう

①～⑤の赤字の読みを送りがなもふくめて（　）に、⑥～⑦の書きを□に、それぞれ書きなさい。

①庁舎を建てる。（　）
②山の頂。（　）
③小腸の働き。（　）
④潮風がふく。（　）
⑤賃金をもらう。（　）

⑥ □□（ちょう てん）に立つ。
⑦ □□（まん ちょう）の時間。

答え
①ちょうしゃ　②いただき　③しょうちょう　④しおかぜ　⑤ちんぎん
⑥頂点　⑦満潮

タ

痛

わすれずに　はねる

おん　ツウ
くん　いた-い・いた-む・いた-める

部首　疒（やまいだれ）
画数　12画

成り立ち
「疒」に、つき通す意味と音を表す「甬」を合わせた字。つき通されるような「いたみ」の意味を表す。

敵

啇としない

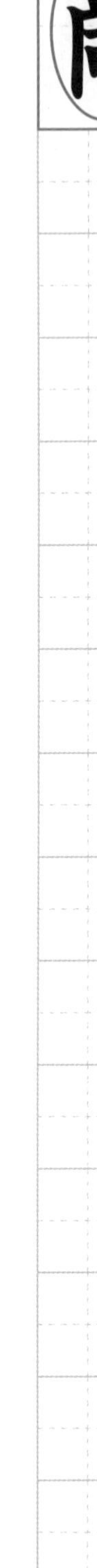

おん　テキ
くん　（かたき）

部首　攵（ぼくにょう・のぶん）
画数　15画

注意点
「適」と形が似ているので注意する。
・敵…たたかう相手。「敵対・天敵」
・適…ふさわしい。「適切・快適」

展

ノをつけない　はらう　はねる

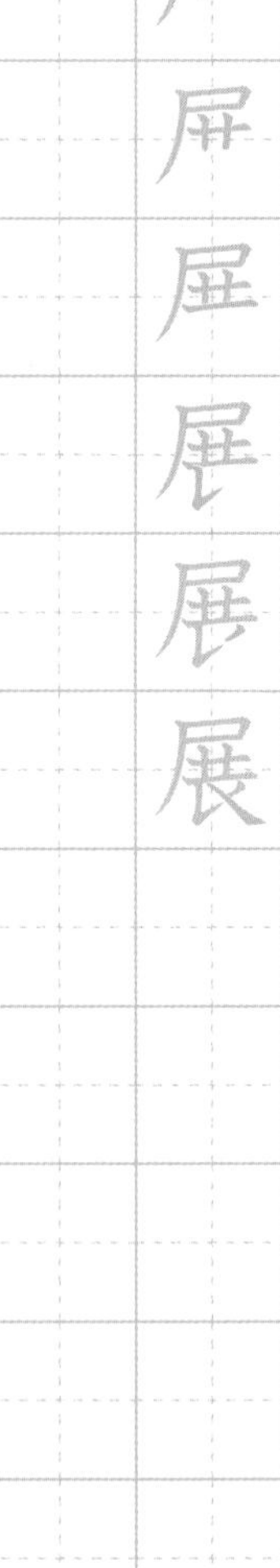

おん　テン
くん　——

部首　尸（しかばね・しかばねかんむり）
画数　10画

意味
巻いてあるものを「広げる」意味に用いる。書くときは、「𧘇」を「衣」としないように注意する。

討

おん　トウ
くん　（う-つ）

部首　言（ごんべん）
画数　10画

意味
言葉で問いただしてとがめる意味から、「うつ」意味に用いる。

党

おん　トウ
くん　——

部首　⺌（つ）
画数　10画

角をつけずに曲げて上にはねる
⺍としない

意味
「仲間」の意味に用いる。書くときは、「⺌」を「⺍」としないように注意する。

使い方を覚えよう

①～⑤の赤字の読みを送りがなもふくめて（　）に、⑥～⑦の書きを□に、それぞれ書きなさい。

①頭痛がひどい。（　　）
②強敵が現れる。（　　）
③話の展開。（　　）
④討論会を開く。（　　）
⑤政党を作る。（　　）

⑥社内で□□（けんとう）する。
⑦歯が□（いた）む。

答え
①ずつう　②きょうてき
③てんかい
④とうろんかい
⑤せいとう
⑥検討　⑦痛

糖

おん　トウ
くん　—
部首　米（こめへん）
画数　16画

成り立ち
「米」に、のびる意味と音(おん)を表す「唐」を合わせた字。「あめ」「あまい味」「さとう」の意味に用いる。

糖
点の打ち方に注意
出す

届

おん　—
くん　とど-ける・とど-く
部首　尸（しかばね・しかばねかんむり）
画数　8画

注意点
読みに注意する。「届」には、「とど-ける」「とど-く」という訓読みしかない。

届
つき出す
軽くはらう

難

おん　ナン
くん　（かた-い）・むずか-しい
部首　隹（ふるとり）
画数　18画

注意点
送りがなに注意する。
×難ずかしい・難かしい・難い
○難しい

難
向きに注意
廿としない

乳

おん　ニュウ
くん　ちち・(ち)

部首　乚（つりばり）
画数　8画

角をつけずに曲げて上にはねる
ななめ右上の方向へ

注意点
書くときは、「子」を「孑」としないように注意する。

認

おん　(ニン)
くん　みと-める

部首　言（ごんべん）
画数　14画

わすれずに。刀としない
点の向きに注意

成り立ち
「言」に、まかせる意味と音を表す「忍」を合わせた字。相手の言い分にまかせ「みとめる」という意味を表す。

使い方を覚えよう

①～⑤の赤字の読みを送りがなもふくめて（　）に、⑥～⑦の書きを□に、それぞれ書きなさい。

①塩と砂糖。（　）
②荷物が届く。（　）
③災難にあう。（　）
④牛乳を飲む。（　）
⑤誤(あやま)りを認める。（　）

⑥牛の□(ちち)をしぼる。
⑦□(むずか)しい問題。

答え
①さとう　②とどく
③さいなん
④ぎゅうにゅう
⑤みとめる
⑥乳　⑦難

タ
ナ

納

おん　ノウ・(ナッ)・(ナ)・(ナン)・(トウ)
くん　おさ-める・おさ-まる
部首　糸（いとへん）
画数　10画

意味
糸や織物をおさめいれる意味から、「いれる」「おさめる」意味を表す。

脳

おん　ノウ
くん　——
部首　月（にくづき）
画数　11画

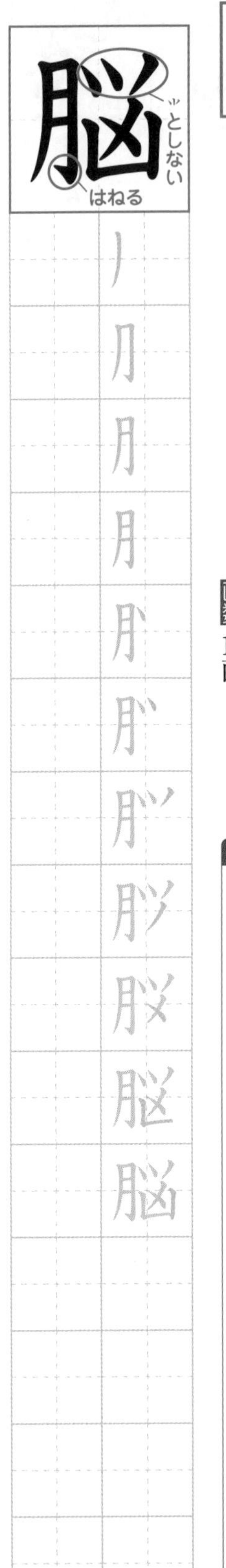

注意点
「悩（ノウ・なや-む、なや-ます）」と形が似ているので注意する。「のうみそ」の意味だから、部首は「月（にくづき）」。

派

おん　ハ
くん　——
部首　氵（さんずい）
画数　9画

成り立ち 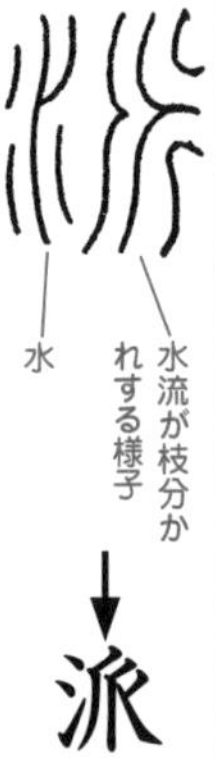
水
水流が枝分かれする様子
↓
派
川が分かれている様子を表した字。

拝

おん　ハイ
くん　おが-む

部首　扌（てへん）
画数　8画

中の二本は短めに
長く

意味
供(そな)え物をささげて神を「おがむ」様子を表した字で、「おじぎをする」意味を表す。

背

おん　ハイ
くん　せ・せい・（そむ-く）・（そむ-ける）

部首　月（にくづき）
画数　9画

とじない
はねる

成り立ち
人がせなか合わせに立つ形
肉・からだ
→背

使い方を覚えよう

①〜⑤の赤字の読みを送りがなもふくめて（　）に、⑥〜⑦の書きを□に、それぞれ書きなさい。

①税金を納める。（　　）
②頭脳を働かせる。（　　）
③立派な行い。（　　）
④神社に参拝する。（　　）
⑤背が高い。（　　）

⑥手を合わせて□(おが)む。
⑦事件の□□(はいけい)。

答え
①おさめる
②ずのう
③りっぱ
④さんぱい
⑤せ（せい）
⑥拝
⑦背景

ナ
ハ

肺

おん　ハイ
くん　―
部首　月（にくづき）
画数　9画

はねる　はねる

成り立ち
「月」（肉）に、二つに分かれる意味と音を表す「巿」を合わせた字。左右二つに分かれた臓器の意味から、「はい」の意味に用いる。

俳

おん　ハイ
くん　―
部首　亻（にんべん）
画数　10画

とめる　軽くはらう

注意点
「拝」と形が似ているので注意する。
・俳…俳優　俳句
・拝…拝見　拝む

班

おん　ハン
くん　―
部首　王（たまへん・おうへん）
画数　10画

とくしない　ななめ右上の方向へ

成り立ち
もとの字は「班」。「刀」（刂は変化した形）を入れて玉を二つに分けた様子から、玉を分ける意味を表し、「わける」意味に用いる。

晩

おん　バン
くん　―

部首　日（ひへん・にちへん）
画数　12画

晩　々としない　角をつけずに曲げて上にはねる

成り立ち

「日」に、かくれる意味と音を表す「免」を合わせた字。日がかくれる意味から、「おそい」意味を表す。

否

おん　ヒ
くん　（いな）

部首　口（くち）
画数　7画

否　とめる

成り立ち

「口」と、打ち消しの語で音を表す「不」とで、口ではっきり打ち消す意味を表す。

使い方を覚えよう

①～⑤の赤字の読みを送りがなもふくめて（　）に、⑥～⑦の書きを□に、それぞれ書きなさい。

①肺の機能。（　）
②俳句を作る。（　）
③班に分ける。（　）
④今晩の夕食。（　）
⑤安否を気づかう。（　）

⑥ □□（はんちょう）になる。

⑦うわさを □□（ひてい）する。

答え

①はい　②はいく
③はん
④こんばん
⑤あんぴ
⑥班長　⑦否定

ハ

復習ドリル④

1 ――部の漢字の読みがなを書きましょう。（1問4点／10問）

① 宅配便で荷物を送る。（　　）

② 作品を展示する。（　　）

③ この土地は寒暖の差が激（はげ）しい。（　　）

④ 商品の値を下げる。（　　）

⑤ たんすに衣類を収納する。（　　）

⑥ 昔の町並（まちな）みを忠実に再現する。（　　）

⑦ 少数の意見も尊重する。（　　）

⑧ 敵と味方に分かれる。（　　）

⑨ この小説家には多くの著作がある。（　　）

⑩ 要求を退ける。（　　）

答え→94ページ

点

2 次の□の中に漢字を入れましょう。

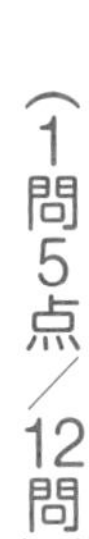

（1問5点／12問）

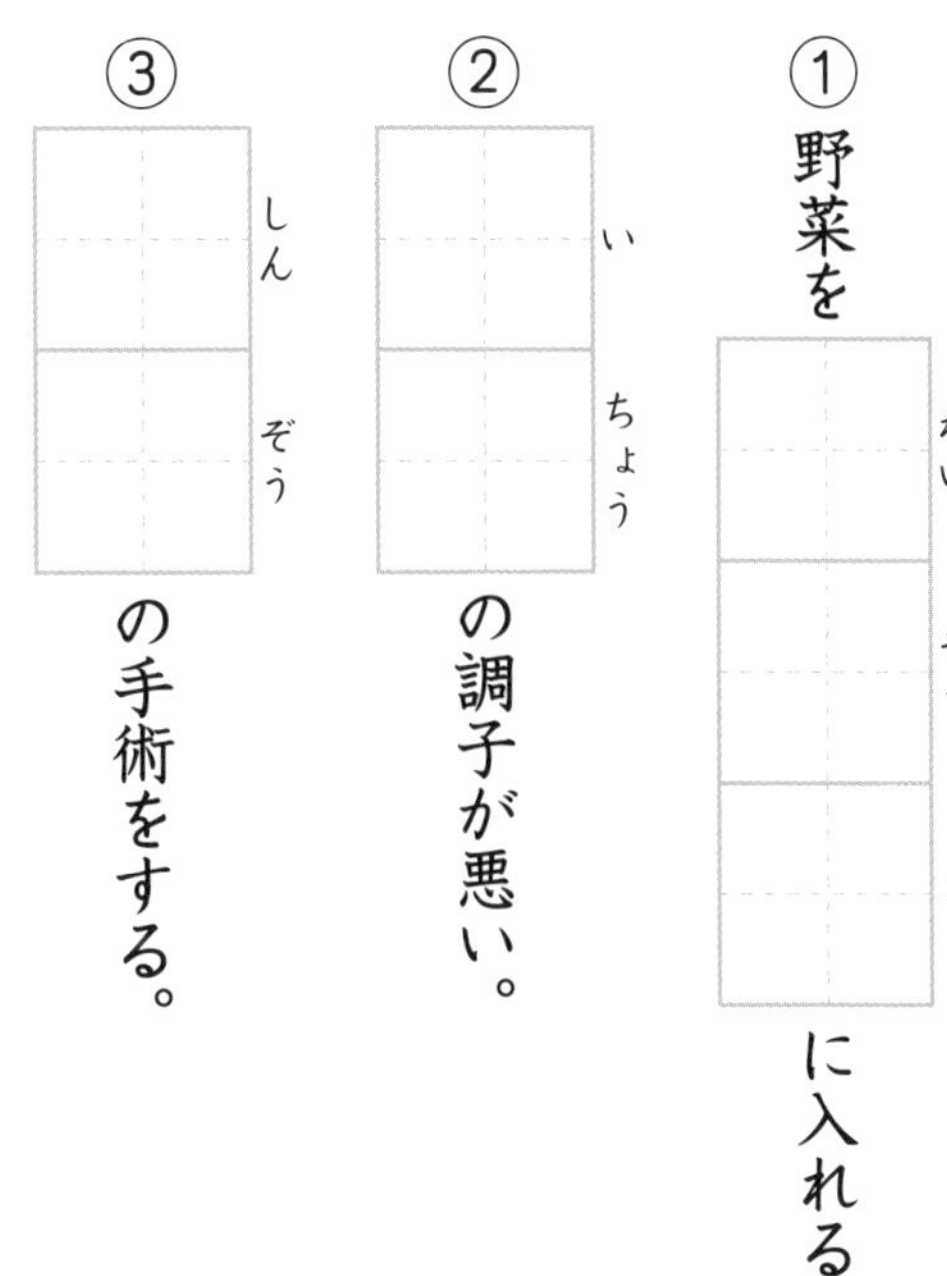

① 野菜を□□□（れいぞうこ）に入れる。

② □□（いちょう）の調子が悪い。

③ □□（しんぞう）の手術をする。

④ □（のう）の検査をする。

⑤ 体操（たいそう）選手が□（ちゅう）をまう。

⑥ 歯が□（いた）む。

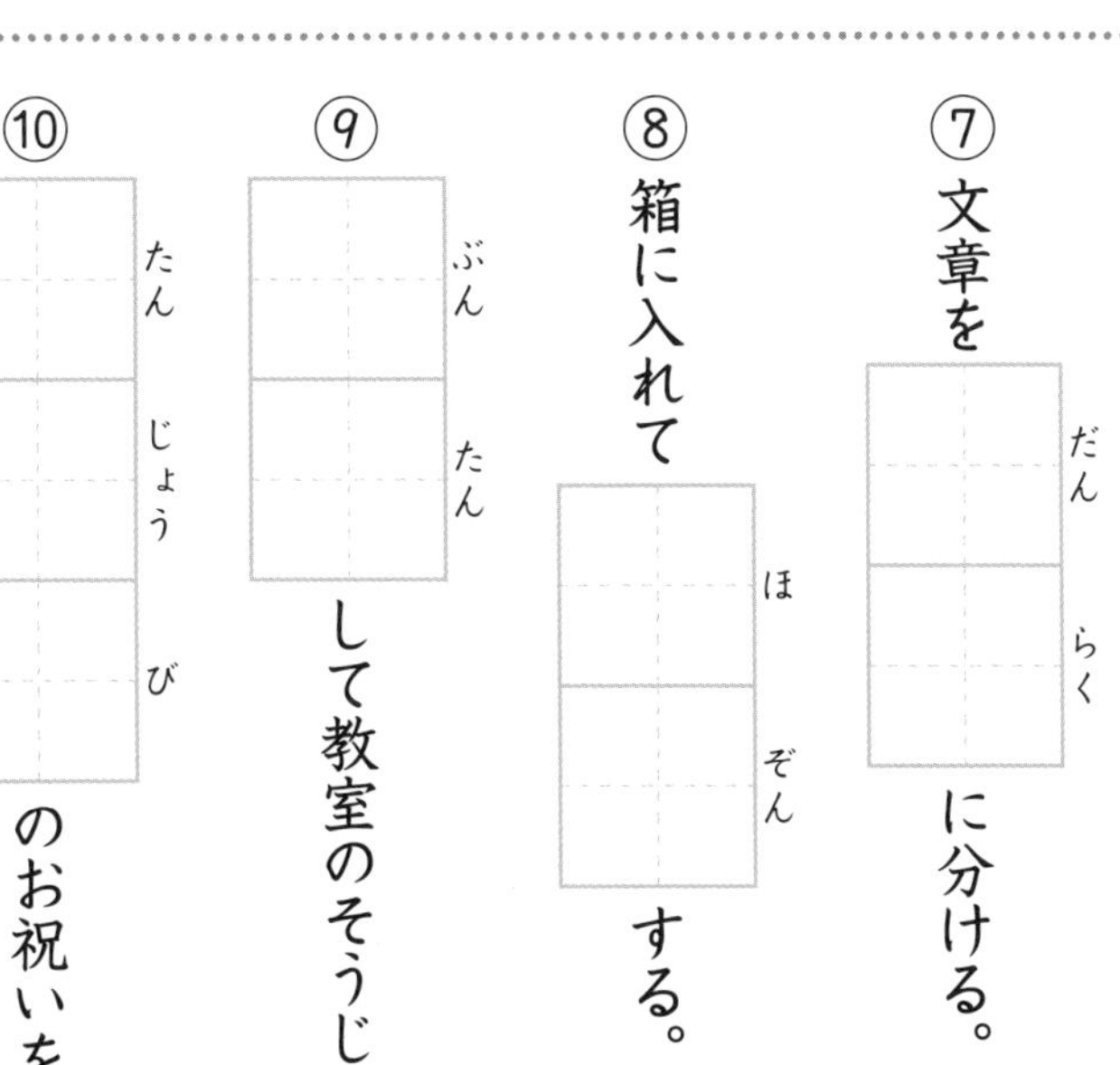

⑦ 文章を□□（だんらく）に分ける。

⑧ 箱に入れて□□（ほぞん）する。

⑨ □□（ぶんたん）して教室のそうじをする。

⑩ □□□（たんじょうび）のお祝いをする。

⑪ □□（とうは）をこえて協力する。

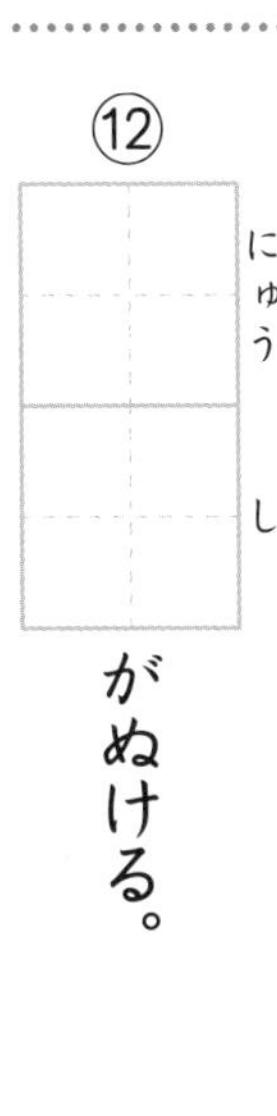

⑫ □□（にゅうし）がぬける。

批

おん　ヒ
くん　――
部首　扌（てへん）
画数　7画

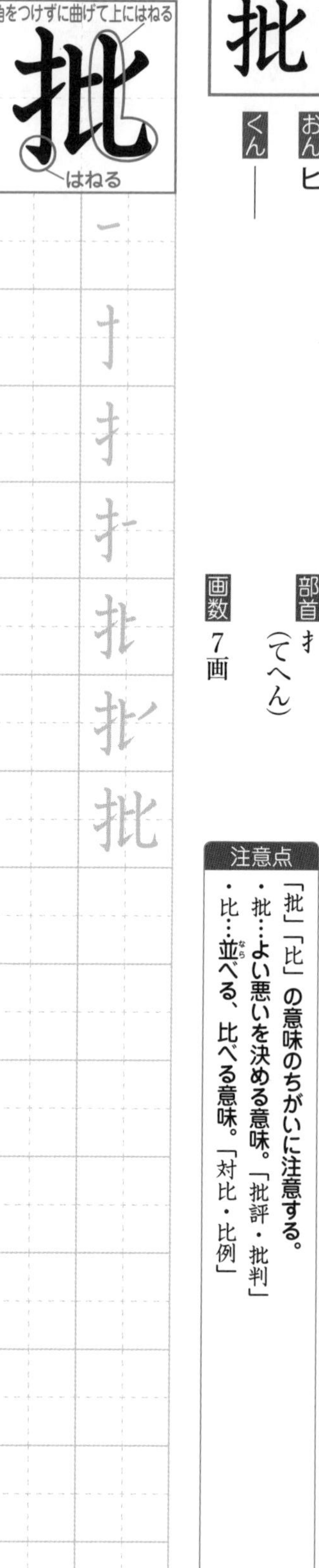

注意点
「批」「比」の意味のちがいに注意する。
・批…よい悪いを決める意味。「批評・批判」
・比…並べる、比べる意味。「対比・比例」

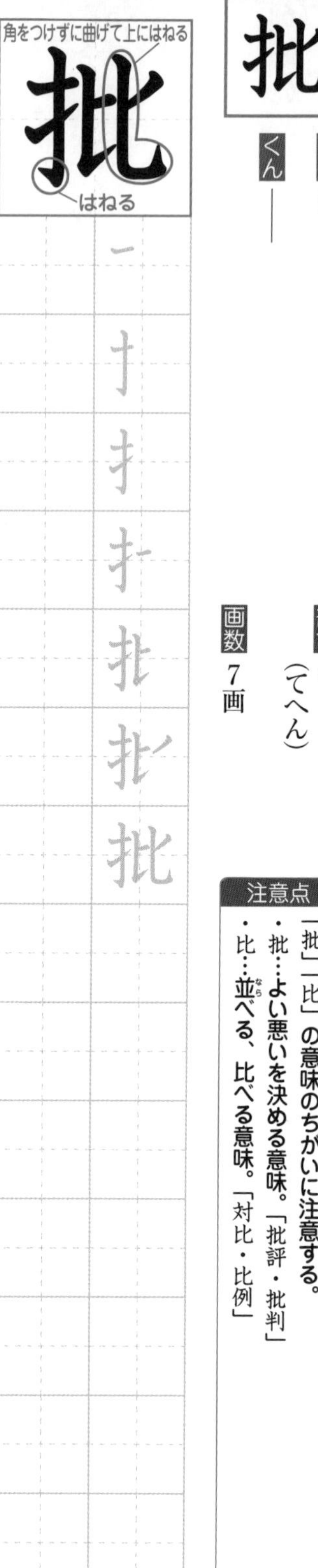

秘

おん　ヒ
くん　（ひ-める）
部首　禾（のぎへん）
画数　10画

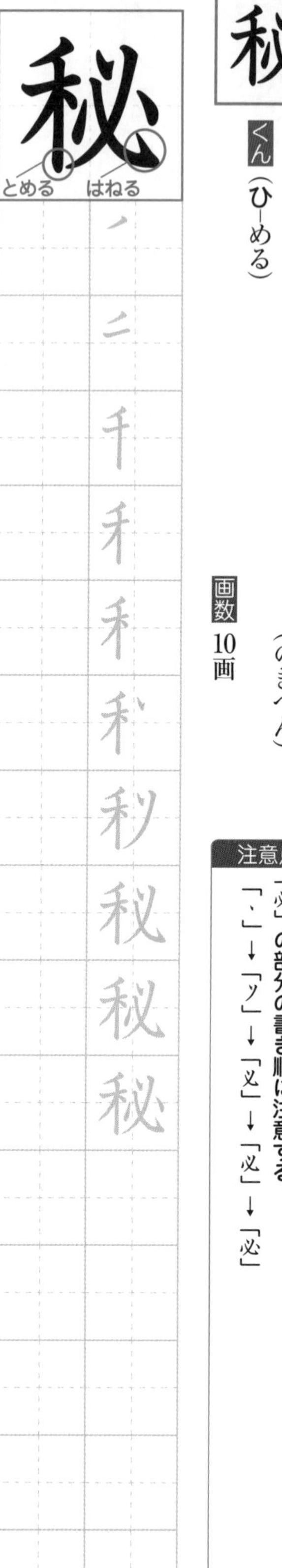

注意点
「必」の部分の書き順に注意する。
「丶」→「ソ」→「乂」→「必」→「必」

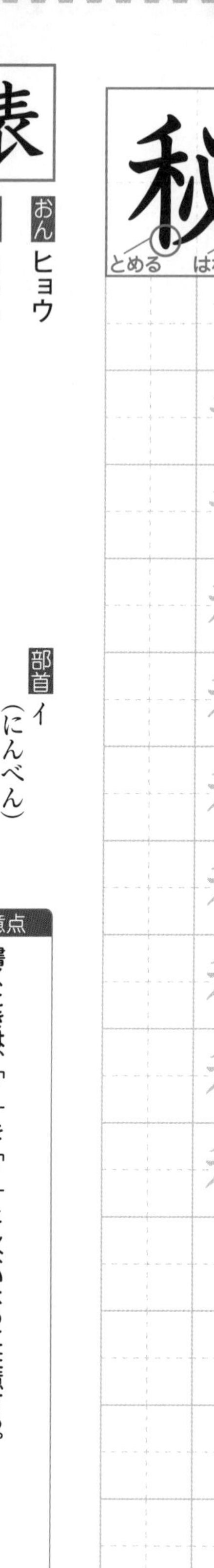

俵

おん　ヒョウ
くん　たわら
部首　亻（にんべん）
画数　10画

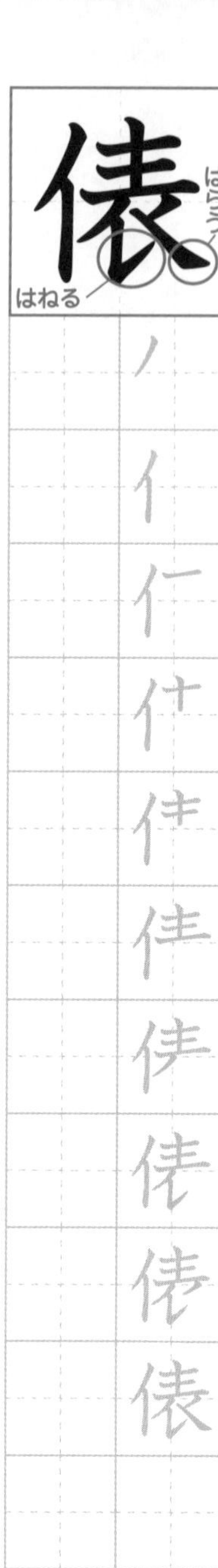

注意点
書くときは、「亻」を「彳」としないように注意する。

腹

おん　フク
くん　はら

部首　月（にくづき）
画数　13画

成り立ち
「月」（肉）に、おおう意味と音を表す「复」を合わせた字。臓器をおおい包むところという意味を表す。

目としない
はねる

丿 月 月 月 月 肸 肸 胙 胙 胙 胙 腹 腹

奮

おん　フン
くん　ふる-う

部首　大（だいかんむり・だいがしら）
画数　16画

意味
鳥が田んぼから大いに飛びたつ意味から、「ふるう」意味を表す。

向きに注意
少しひらぺったく

一 ナ 大 衣 衣 衣 衣 夲 夲 奞 奞 奞 奮 奮 奮 奮

使い方を覚えよう

①〜⑤の赤字の読みを送りがなもふくめて（　）に、⑥〜⑦の書きを□に、それぞれ書きなさい。

① 他人を批判する。（　　）
② 社長の秘書。（　　）
③ 土俵にあがる。（　　）
④ 腹が減る。（　　）
⑤ 熱戦に興奮する。（　　）

⑥ □□（こめだわら）をかつぐ。
⑦ 勇気を□（ふる）う。

答え
① ひはん　② ひしょ
③ どひょう
④ はら
⑤ こうふん
⑥ 米俵　⑦ 奮

ハ

並

ハとしない
上の横ぼうより長く

おん （ヘイ）

くん なみ・なら-べる・なら-ぶ・なら-びに

部首 丷（そいち）

画数 8画

成り立ち

人が立った様子を二つならべて、ならんで立つ意味を表す。

陛

ｷとしない
上の横ぼうより長く

おん ヘイ

くん ——

部首 阝（こざとへん）

画数 10画

注意点

書くときは、「𡈽」の「土」を「王」としないように注意する。

閉

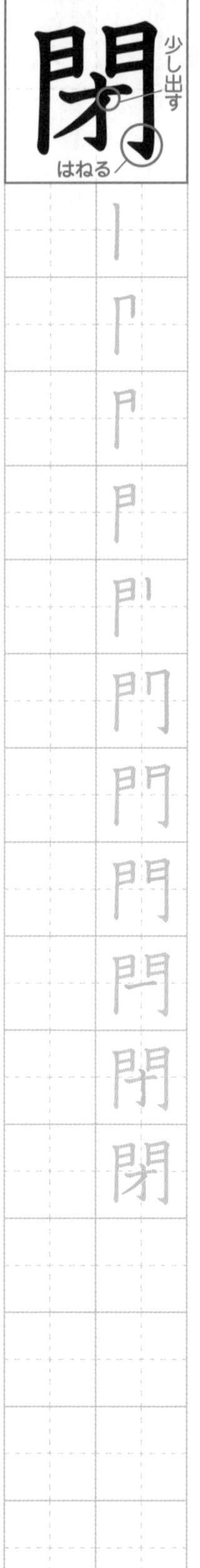

おん ヘイ

くん と-じる・（と-ざす）・し-める・し-まる

部首 門（もんがまえ・かどがまえ）

画数 11画

成り立ち

「門」と「才」（川をせきとめる木材の意味）とで、木材で門をとざす意味を表し、「とじる」意味に用いる。

片

おん　（ヘン）
くん　かた

部首　片（かた）
画数　4画

まっすぐ下につける
はねない

ノ　丿　片　片

成り立ち
二つ割りにした木の右半分の形から、「かた」の意味を表した字。

補

おん　ホ
くん　おぎな-う

部首　衤（ころもへん）
画数　12画

点をわすれずに
わすれずに

丶　ㇰ　ネ　ネ　衤　衤　裄　裄　補　補　補　補

成り立ち
「衣」に、しきあてる意味と音を表す「甫」を合わせた字。やぶれた所に布をあててつくろう意味から、「おぎなう」意味を表す。

使い方を覚えよう

①〜⑤の赤字の読みを送りがなもふくめて（　）に、⑥〜⑦の書きを□に、それぞれ書きなさい。

① 通りの並木。（　）
② 天皇（てんのう）陛下（　）
③ 門を閉める。（　）
④ 片側通行（　）
⑤ 燃料を補給する。（　）
⑥ 図書館が［へいかん］する。
⑦ 説明を［おぎな］う。

答え
① なみき　② へいか　③ しめる　④ かたがわ　⑤ ほきゅう　⑥ 閉館　⑦ 補

ハ

暮

暮
出す

おん　（ボ）
くん　く-れる・く-らす

部首　日（ひ）
画数　14画

一 十 艹 艹 廿 甘 苩 莒 草 莫 莫 莫 暮 暮 暮

注意点
送りがなに注意する。
×暮る　暮す
○暮れる　暮らす

宝

宝
まっすぐ下につける
点の位置に注意

おん　ホウ
くん　たから

部首　宀（うかんむり）
画数　8画

丶 丶 宀 宀 宁 宇 宝 宝

意味
家に財宝（ざいほう）などを大切に保存（ほぞん）しておくことを表した字で、「たから」の意味を表す。

訪

訪
点の向きに注意
まっすぐ下につける

おん　ホウ
くん　（おとず-れる）・たず-ねる

部首　言（ごんべん）
画数　11画

丶 亠 亠 言 言 言 言 言 訁 訪 訪

成り立ち
「言」に、広い意味と音（おん）を表す「方」を合わせた字。広く、人に「たずねる」意味。

亡

おん　ボウ・（モウ）
くん　（な-い）
部首　亠（なべぶた・けいさんかんむり）
画数　3画

曲げてとめる　まっすぐ下につける

成り立ち
もとの字は「亾」。人がものかげ（「乚」）にかくれる様子から、にげかくれる意味を表す。「うしなう」「ほろびる」「なくなる」意味に用いる。

忘

おん　（ボウ）
くん　わす-れる
部首　心（こころ）
画数　7画

曲げてとめる　はねる

成り立ち
亡＋心＝忘
亡：なくなる意味と音を表す
忘：心からなくなってしまう、「わすれる」

使い方を覚えよう

①～⑤の赤字の読みを送りがなもふくめて（　）に、⑥～⑦の書きを□に、それぞれ書きなさい。

①楽しく暮らす。（　）
②美しい宝石。（　）
③家庭訪問（　）
④外国に亡命する。（　）
⑤かさを忘れる。（　）
⑥□（たから）の地図。
⑦友達の家を□（たず）ねる。

答え
①くらす　②ほうせき
③ほうもん
④ぼうめい
⑤わすれる
⑥宝　⑦訪

ハ

棒

おん　ボウ
くん　―
部首　木（きへん）
画数　12画

成り立ち
「木」に、打つ意味と音を表す「奉」を合わせた字。ものをたたくための木を表す。

とめる　やや長く

一 十 才 木 木一 木二 木三 木夫 木夫 木奉 木奉 棒

枚

おん　マイ
くん　―
部首　木（きへん）
画数　8画

成り立ち
「木」に、打つ意味を表す「攵」を合わせた字。木のむちを表したが、物を数える言葉に用いる。

夂としない　とめる

一 十 才 木 木' 木ケ 朩攵 枚

幕

おん　マク・バク
くん　―
部首　巾（はば）
画数　13画

成り立ち
「巾」（きれ）に、「ない」意味と音を表す「莫」を加えて、物にかけて見えなくするおおいの布、「まく」の意味を表す。

出す　はねる

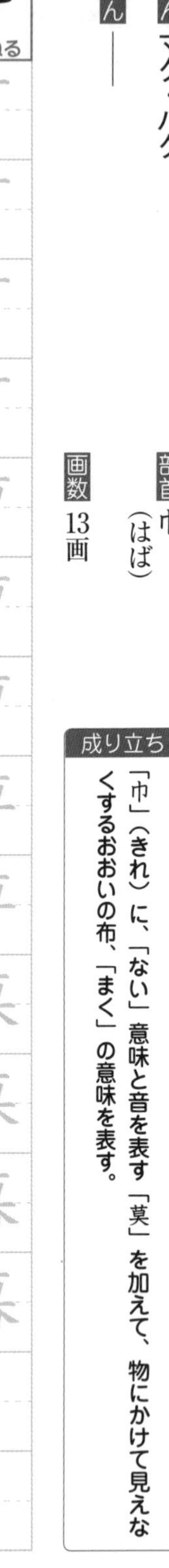

密

おん　ミツ
くん　―
部首　宀（うかんむり）
画数　11画

意味
山の木のしげったおく深いところを表した字で、すきまがない意味に用いる。「必」の部分の書き順に注意する。

まっすぐ下につける
はねる

盟

おん　メイ
くん　―
部首　皿（さら）
画数　13画

意味
「かたく約束する」「ちかう」意味を表す。書くときは、「皿」を「血」としないように注意する。

出す

使い方を覚えよう

①～⑤の赤字の読みを送りがなもふくめて（　）に、⑥～⑦の書きを□に、それぞれ書きなさい。

①鉄棒につかまる。（　　）
②一枚の紙。（　　）
③江戸（えど）幕府（　　）
④厳密な検査。（　　）
⑤同盟を結ぶ。（　　）
⑥□（まく）が開く。
⑦□□（しんみつ）な関係。

答え
①てつぼう　②いちまい　③ばくふ　④げんみつ
⑤どうめい　⑥幕　⑦親密

ハ
マ

模

おん　モ・ボ
くん　――
部首　木（きへん）
画数　14画

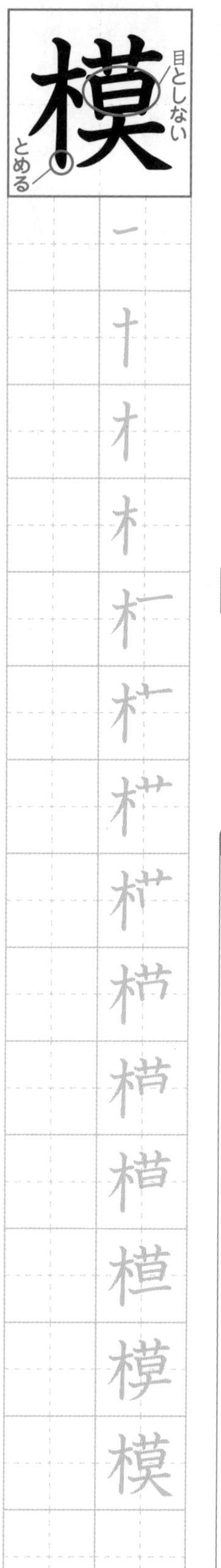

意味
同じ形のものをつくるための木型の意味から、「まねる」「手本」の意味を表す。

訳

おん　ヤク
くん　わけ
部首　言（ごんべん）
画数　11画

意味
ある国の言葉を他の国の言葉にかえる意味を表す。

郵

おん　ユウ
くん　――
部首　阝（おおざと）
画数　11画

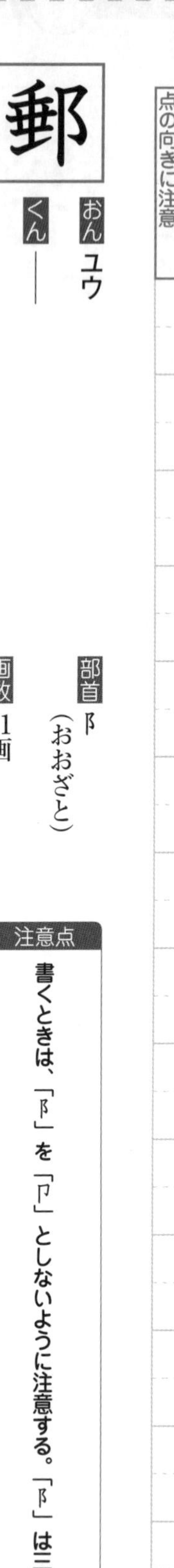

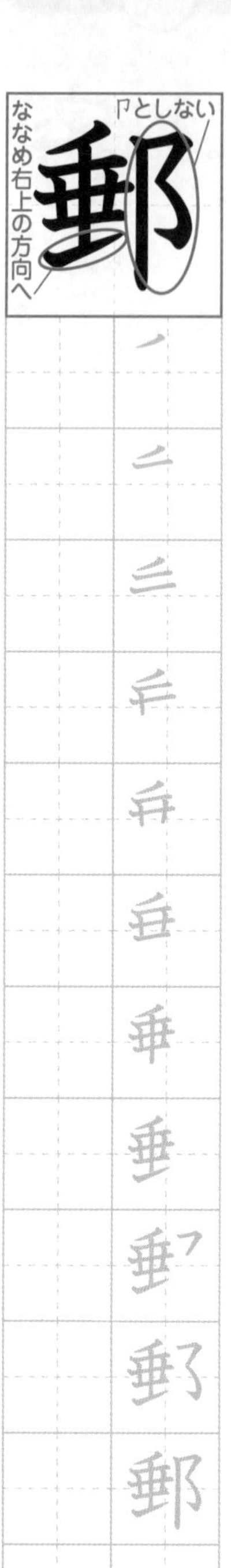

注意点
書くときは、「阝」を「卩」としないように注意する。「阝」は三画で書く。

優

おん　ユウ
くん　(やさ-しい)・(すぐ-れる)

部首　亻(にんべん)
画数　17画

百としない

注意点
書くときは、「𦣻」を、「𦣻」「𦣻」としないように注意する。

預

おん　ヨ
くん　あず-ける・あず-かる

部首　頁(おおがい)
画数　13画

予としない　とめる

注意点
「領」と形が似ているので注意する。「ヨ」という音読みがあるので、左の部分は「予」。

使い方を覚えよう

①～⑤の赤字の読みを送りがなもふくめて（　）に、⑥～⑦の書きを□に、それぞれ書きなさい。

①船の模型。（　）
②言い訳をする。（　）
③荷物を郵送する。（　）
④チームの優勝。（　）
⑤銀行に預金する。（　）
⑥（きぼ）の大きい工事。
⑦英語の（つうやく）。

答え
①もけい　②わけ
③ゆうそう
④ゆうしょう
⑤よきん
⑥規模　⑦通訳

マ
ヤ・ラ・ワ

幼

おん　ヨウ
くん　おさな-い

部首　幺（よう・いとがしら）
画数　5画

成り立ち
幺（ちいさい）＋力＝幼（力が弱い→おさない）

糸としない
はねる

く　幺　幺　幻　幼

欲

おん　ヨク
くん　（ほっ-する）・（ほ-しい）

部首　欠（あくび・けんづくり）
画数　11画

注意点
「浴」と形が似ているので注意する。
・欲…欲望　食欲
・浴…浴室　入浴

とめる

ノ　ハ　ク　父　谷　谷　谷　谷　谷　欲　欲

翌

おん　ヨク
くん　——

部首　羽（はね）
画数　11画

意味
「あくる日」の意味に用いる。「習」と形が似ているので注意する。

はねる
上の横ぼうより長く

フ　ㇷ　ヨ　ヨ　ヨ　羽　羽　翌　翌　翌　翌

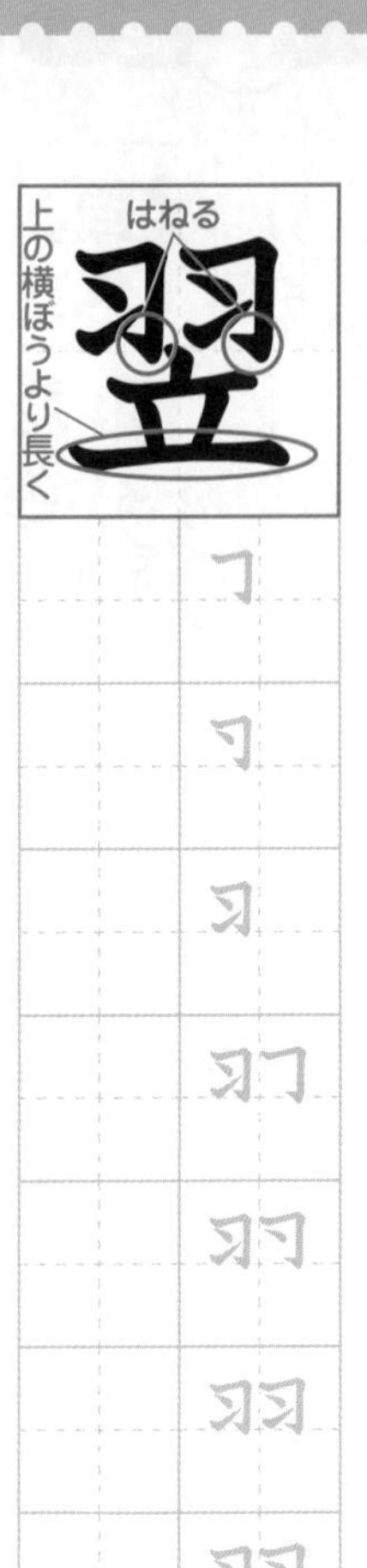

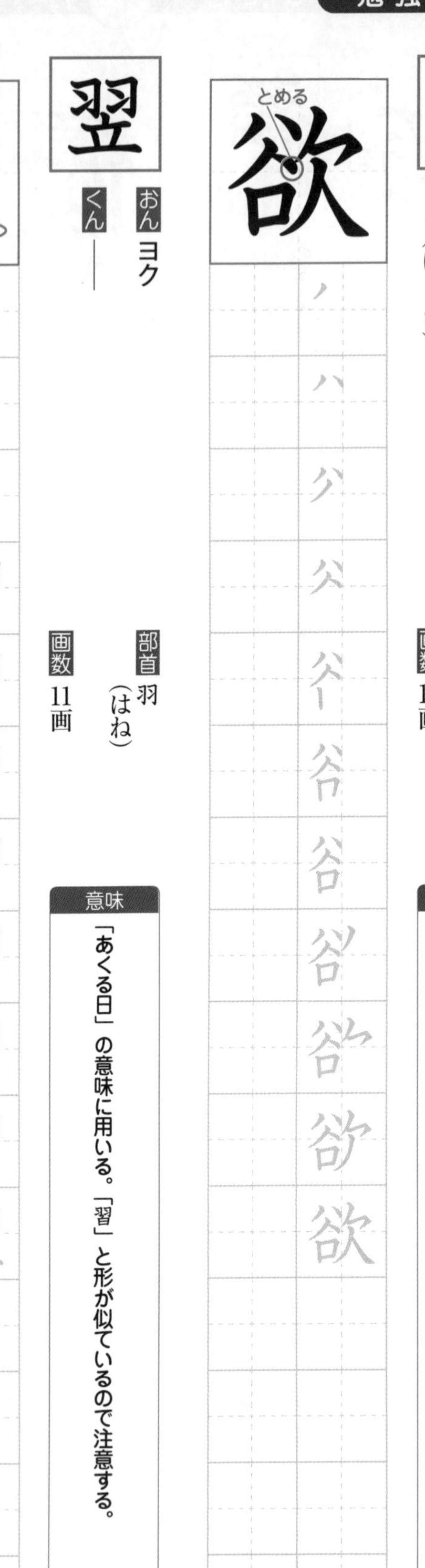

乱

おん　ラン
くん　みだ-れる・みだ-す

部首　乚（つりばり）
画数　7画

注意点
「乳（にゅう）」と形が似ているので注意する。

角をつけずに曲げて上にはねる

卵

おん　（ラン）
くん　たまご

部首　卩（ふしづくり）
画数　7画

成り立ち
虫や魚のたまごの形からできた字。

軽くはらう　はねる

使い方を覚えよう

①～⑤の赤字の読みを送りがなもふくめて（　）に、⑥～⑦の書きを□に、それぞれ書きなさい。

①幼い弟。（　　）
②意欲がある。（　　）
③翌日の予定。（　　）
④気流が乱れる。（　　）
⑤にわとりの卵。（　　）

⑥かぶと虫の［よう］［ちゅう］。
⑦本を［らん］［ざつ］に積む。

答え
①おさない　②いよく　③よくじつ　④みだれる　⑤たまご　⑥幼虫　⑦乱雑

覧

おん　ラン
くん　―
部首　見（みる）
画数　17画

角をつけずに曲げて上にはねる
巨としない

意味
「よく見る」意味を表す。書くときは、「臣」を「巨」、「見」を「貝」としないように注意する。「臣」は、書き順に注意する。

裏

おん　（リ）
くん　うら
部首　衣（ころも）
画数　13画

はらう
はねる

成り立ち
「衣」と、音を表す「里」とで、衣のうら地、「うら」の意味を表す。

律

おん　リツ・（リチ）
くん　―
部首　彳（ぎょうにんべん）
画数　9画

出す
上の横ぼうより長く

成り立ち
「彳」（道）に、したがわせる意味と音を表す「聿」を合わせた字。道にしたがわせる意味から、「きまり」の意味に用いる。書くときは、横ぼうの数と、つき出るところに注意する。

臨

おん　リン
くん　（のぞ-む）
部首　臣（しん）
画数　18画

巨としない

臨 臨 臨

意味
うつむいて品物を見る意味から、「のぞむ」意味に用いる。書くときは、「臣」を「巨」としないように注意する。「臣」は、書き順に注意する。

朗

おん　ロウ
くん　（ほが-らか）
部首　月（つき）
画数　10画

良としない　はねる

朗 朗 朗

注意点
部首が「月（つき）」であることに注意する。月の光があきらかな意味なので、部首は「月」。

使い方を覚えよう

①〜⑤の赤字の読みを送りがなもふくめて（　）に、⑥〜⑦の書きを□に、それぞれ書きなさい。

①漢字の一覧を見る。（　　）
②裏表のない人。（　　）
③ピアノの調律。（　　）
④臨場感がある。（　　）
⑤朗報が届（とど）く。（　　）

⑥□□（りんじ）の出費。
⑦□□（めいろう）な青年。

答え
①いちらん　②うらおもて
③ちょうりつ
④りんじょうかん
⑤ろうほう
⑥臨時　⑦明朗

論

おん　ロン

くん　―

部首　言（ごんべん）

画数　15画

点の向きに注意

はねる

成り立ち

「言」と、順序だてる意味と音（おん）を表す「侖」とで、すじみちを立てて述べる意味を表す。

使い方を覚えよう

①〜⑤の赤字の読みを送りがなもふくめて（　）に、⑥〜⑦の書きを□に、それぞれ書きなさい。

①論文を読む。（　　）

②議論をかわす。（　　）

③論語の教え。（　　）

④口論になる。（　　）

⑤結論を急ぐ。（　　）

⑥□□□（ろんりてき）な説明。

⑦相手に□□（はんろん）する。

答え

①ろんぶん　②ぎろん　③ろんご　④こうろん　⑤けつろん　⑥論理的　⑦反論

復習ドリル⑤

1 ――部の漢字の読みがなを書きましょう。（1問10点／5問）

① 友人の子どもを預かる。（　　）

② 臨機応変に対処（たいしょ）する。（　　）

③ 模造紙を使ってポスターを作る。（　　）

④ かれの功績は枚挙にいとまがない。（　　）

⑤ 一列に並んで行進する。（　　）

2 次の□の中に漢字を入れましょう。（1問10点／5問）

答え→95ページ

点

① 絵画の□□□（てんらんかい）に行く。

② □（よく）を出して失敗する。

③ □□□（ゆうびんきょく）で切手を買う。

④ 友達の説明を□□（ほそく）する。

⑤ □（わす）れ物がないかどうか確かめる。

学年総復習テスト

答え↓95ページ

点

1 ―部の漢字を正しく書き直しましょう。（1問3点／3問）

① 広場に群衆が集まる。

② 手を合わせて拝む。

③ 我々の郷土（きょうど）の伝統を守る。

2 筆順の正しいほうに○をつけましょう。（1問3点／3問）

① 染
- ア（ 、 冫 氵 汃 氿 氿 染 染 染 ）
- イ（ 、 冫 氵 氵 氿 氿 染 染 染 ）

② 若
- ア（ 一 十 艹 艹 艹 若 若 若 ）
- イ（ 一 十 艹 艹 艹 若 若 若 ）

③ 革
- ア（ 一 十 廿 廿 苎 苎 苩 革 ）
- イ（ 一 十 廿 廿 廿 苎 苎 苩 革 ）

3 次の文に当てはまる漢字はどちらですか。○で囲みましょう。（1問3点／4問）

① 急｛激　劇｝な変化。

② 歌｛詞　誌｝を書き写す。

③ 借金の返｛裁　済｝。

④ ｛否　批｝判的な見方。

4 次の熟語はまちがった漢字が使われています。正しい漢字に直して、熟語全体を書きましょう。（1問3点／6問）

① 服縦（ふくじゅう）↓

② 敬察（けいさつ）↓

③ 因難（こんなん）↓

④ 考行（こうこう）↓

⑤ 暮府（ばくふ）↓

⑥ 運貸（うんちん）↓

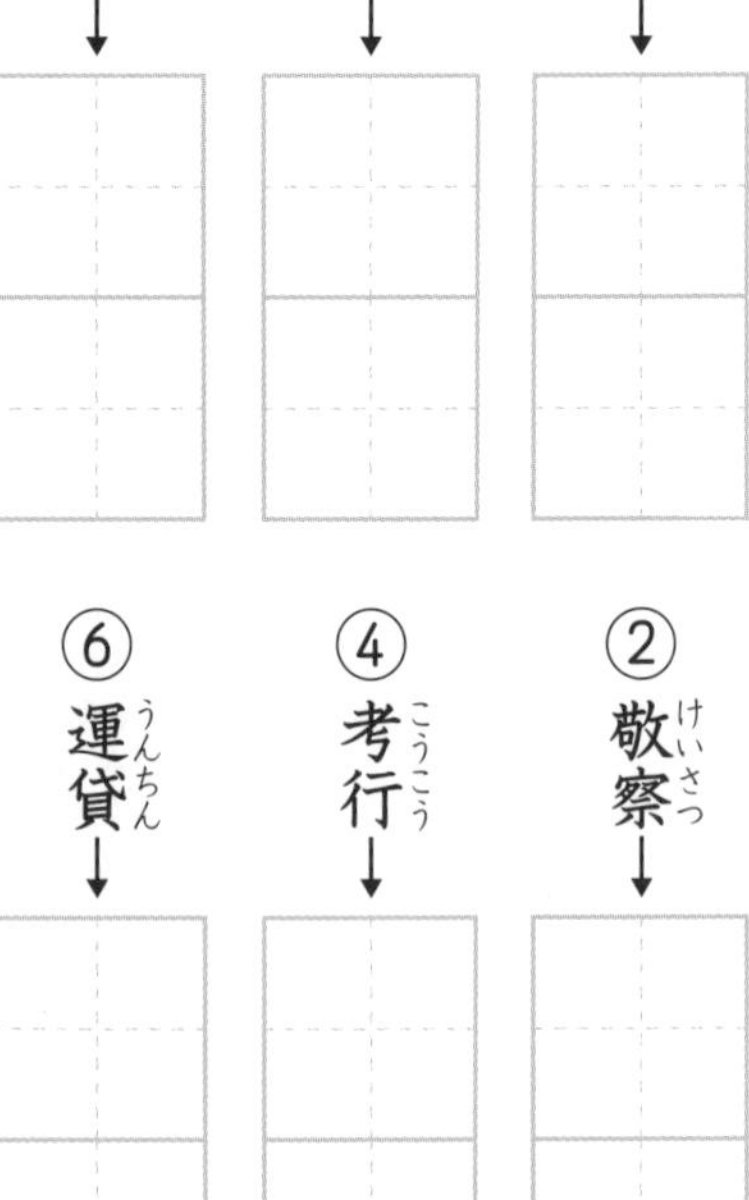

5 漢字の使い方の正しいほうに○をつけましょう。（1問3点／5問）

① ア（　）都心の会社に勤める。
　 イ（　）都心の会社に務める。

② ア（　）最新の機器を供える。
　 イ（　）最新の機器を備える。

③ ア（　）暖かい地方に住む。
　 イ（　）温かい地方に住む。

④ ア（　）決勝戦で勝利を納める。
　 イ（　）決勝戦で勝利を収める。

⑤ ア（　）ガラスに顔を映す。
　 イ（　）ガラスに顔を写す。

6 □の中には、それぞれ同じ部首が入ります。□の中に書きましょう。（1問3点／4問）

① □成・□延

② □直・□非

③ □市・□匋

④ □旦・□軍

7 次の――部の言葉を漢字と送りがなで書きましょう。（1問3点／3問）

① 寒さがきびしい。→（　）

② 師のたっとい言葉。→（　）

③ 道具の使い方をあやまる。→（　）

8 次の空らんに入る言葉を、あとの〔　〕の中から選んで、四字熟語を完成させましょう。（1問4点／4問）

① □□特許

② 雨天□□

③ 大器□□

④ □□同音

〔じゅんえん・ばんせい・いく・せんばい〕

復習ドリル①

20～21ページ

1 ①かくちょう ②はんしんはんぎ
③しきしゃ ④かんちょう
⑤くいき ⑥かぶしき
⑦てんしゅかく ⑧きぞく
⑨えんどう ⑩かくめい

2 ①看板 ②子供 ③宇宙
④简潔 ⑤異議 ⑥映像
⑦遺産 ⑧役割 ⑨圧巻
⑩吸 ⑪延長戦 ⑫我先

おうちのかたへ

1 ①「拡張（かくちょう）」とは、広げて大きくすることです。

2 ⑤「異議（いぎ）」には、同じ読み方の熟語（じゅくご）が多いので注意します。「異議」は、ある意見に対して反対する意見のこと、「異義（いぎ）」は、意味が異（こと）なること、「意義（いぎ）」は、その言葉の表す内容・意味のことです。

復習ドリル②

38～39ページ

1 ①ていきけん ②ざっこく
③ようし ④かいこ
⑤さてつ ⑥じしゃく
⑦しかい ⑧とうじ
⑨こうすいりょう ⑩ようさい

2 ①星座 ②捨 ③私物
④人骨 ⑤発射 ⑥厳禁
⑦若葉 ⑧散策 ⑨救済
⑩作詞家 ⑪別冊 ⑫週刊誌

おうちのかたへ

1 ⑨「降水量（こうすいりょう）」は、雨、雪、あられ、ひょうなどが地上に降（ふ）ったときの量のことです。

2 ⑫「週刊（しゅうかん）」を「週間」としないように注意します。

復習ドリル③

56～57ページ

1 ①しゅしょう ②せいい
③しょせつ ④じゅうらい
⑤たてが ⑥しゅくしょう
⑦せんでん ⑧けいしょう
⑨ふじゅんぶつ ⑩じょや

2 ①民衆 ②聖火 ③故障
④熟練 ⑤専用 ⑥処理
⑦推理 ⑧蒸発 ⑨寸前
⑩署名 ⑪短針 ⑫山盛

おうちのかたへ

1 ④「従来（じゅうらい）」とは、「今まで」という意味です。

2 ⑤「専」は、右上に点を打ちません。注意して書きましょう。

復習ドリル④

74～75ページ

1 ①たくはいびん ②てんじ
③かんだん ④ね
⑤しゅうのう ⑥ちゅうじつ
⑦そんちょう ⑧てき
⑨ちょさく ⑩しりぞ

2 ①冷蔵庫 ②胃腸 ③心臓
④脳 ⑤宙 ⑥痛
⑦段落 ⑧保存 ⑨分担
⑩誕生日 ⑪党派 ⑫乳歯

おうちのかたへ

1 ④「値段（ねだん）」の意味を表すときは「ね」と読みます。

2 ③「心臓（しんぞう）」の「臓」を、「蔵」としないように注意します。「臓」は、「月（にくづき）」が部首なので、体に関係する漢字であることがわかります。

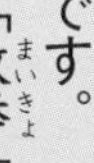

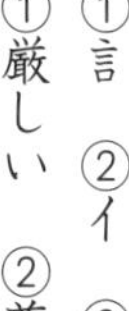

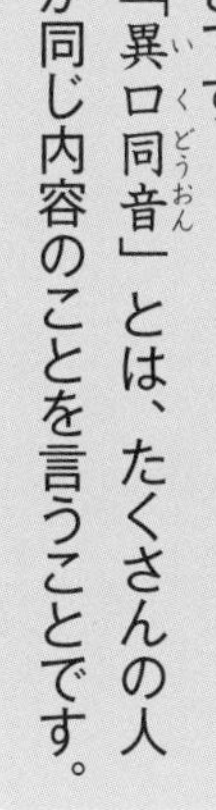

復習ドリル⑤

1 ①あず　②りんきおうへん
③もぞうし　④まいきょ
⑤なら

2 ①展覧会　②欲　③郵便局
④補足　⑤忘

おうちのかたへ

1 ②「臨機応変」とは、その場その場に応じて、適切な処置をすることです。
④「枚挙」とは、数えあげることです。「枚挙にいとまがない」で、「数えあげられないほど、数が多い」という意味になります。

学年総復習テスト

1 ①衆　②拝　③我

2 ①㋑　②㋐　③㋑

3 ①激　②詞　③済　④批

4 ①服従　②警察　③困難
④孝行　⑤幕府　⑥運賃

5 ①㋐　②㋑　③㋐　④㋑　⑤㋐

6 ①言　②イ　③月　④才

7 ①厳しい　②尊い（貴い）　③誤る

8 ①専売　②順延　③晩成　④異口

おうちのかたへ

8 ③「大器晩成」とは、すぐれた人は年をとってから大成するということです。
④「異口同音」とは、たくさんの人が同じ内容のことを言うことです。